Konfliktgespräche

Florian Gommlich · Andreas Tieftrunk

Mut zur Auseinandersetzung: Konfliktgespräche

Gesprächsmodelle
Körpersprache und Rhetorik
Lösungsmöglichkeiten

Ihr Wegweiser durch dieses Buch

1

Jede Kommunikation – ob verbal oder non-verbal – beruht auf bestimmten Regeln. Kennen Sie die verschiedenen Aspekte einer Nachricht, die auf dem Weg vom Sender zum Empfänger häufig eine ganz andere Gewichtung bekommen können?

2

Kapitel 2

*Im Zuge gesellschaft-
lichen wie wirtschaft-
lichen Wandels nehmen
Konflikte beständig zu.
Wie wirken sie sich auf
den Menschen aus und
was bewirken sie im
Berufsalltag?*

Aktionsplan

Kapitel 3

Konflikte erwachsen aus den unterschiedlichsten Situationen heraus. Die Zahl der Konfliktbeteiligten bietet Ihnen einen wichtigen Anhaltspunkt für mögliche Ursachen einer Auseinandersetzung.

Aktionsplan

Kapitel 4

Um Konflikte gewinnbringend lösen zu können, müssen Sie sie zunächst erkennen und analysieren. Ihre Diagnose wird unterstützt durch das Eskalationsmodell von F. Glasl.

Kapitel 6

Der Erfolg eines Gesprächs hängt maßgeblich von einer guten Vorbereitung und einer zielgerichteten, den Partner respektierenden Gesprächsführung ab. Eine Fallstudie verdeutlicht die Erfolgskriterien.

6

Aktionsplan

Kapitel 7

Unser Körper kommuniziert häufig etwas anderes als unsere Worte. Nutzen Sie auch in Konfliktgesprächen Ihre Körpersprache als Unterstützung für Ihre verbalen Aussagen.

7

Kapitel 8

**Moderation
in Konfliktsituationen 189**

*Als Führungskraft
werden Sie Konflikt-
gespräche zwischen Mit-
arbeitern und Kollegen
moderieren müssen.
Lernen Sie Killerphrasen
und Gesprächsfallen
zu entkräften und
mit emotionalen Aus-
brüchen umzugehen.*

Kapitel 9

Als Mediator vermitteln Sie aktiv zwischen zwei Konfliktparteien. Ihnen stehen verschiedene Möglichkeiten der Intervention zur Verfügung. Mit Rollenspielen können Sie die Konfliktpartner aus alten Verhaltensmustern herausführen.

Mediation schafft konstruktive Konfliktlösungen 203

Aktionsplan

Anhang

Situationsanalyse: Wo stehen Sie derzeit?

Als Führungskraft wächst für Sie zunehmend die Bedeutung der Soft Skills, der so genannten weichen Kompetenzen. Dazu zählen auch das Team- und Kommunikationsvermögen. Führungsqualitäten zeigen sich vor allem in kritischen Situationen: Eine Führungskraft muss den Mut zur Auseinandersetzung haben. Wie steht es mit Ihrer Konfliktbereitschaft und Ihrem Konfliktverständnis? Können Sie Konfliktgespräche konstruktiv führen?

Viele Manager neigen dazu, Konflikte nicht auszutragen, sondern so lange wie irgend möglich zu unterdrücken. Zum einen mag dies daran liegen, dass die Managementliteratur viele Jahre lang Spannungen und Meinungsverschiedenheiten als die Folge von Führungsfehlern verurteilt hat. Zum anderen fehlen oft die Kenntnisse darüber, warum Konflikte zwangsläufig entstehen müssen, welches Potenzial sie uns erschließen können und vor allem, wie man konstruktiv mit ihnen umgeht. Konstruktive Gespräche in Konfliktsituationen führen – das ist der Schlüssel zur erfolgreichen Konfliktbewältigung.

Bevor Sie sich tiefgehender mit der Materie beschäftigen, beantworten Sie für sich die folgenden Fragen:

▶ Tragen Sie Konflikte aus oder gehen Sie Auseinandersetzungen lieber aus dem Weg?
▶ Glauben Sie, dass sich Ihre kommunikativen Fähigkeiten auch in Streitgesprächen gut bewähren?

▶ Können Sie Streit zwischen Ihren Mitarbeitern zufriedenstellend schlichten?

▶ Was erwarten Ihre Mitarbeiter von Ihnen als Führungskraft in Konfliktsituationen?

Der modulare Aufbau des Buches erlaubt es Ihnen, sich zunächst oder ausschließlich den Teilen zu widmen, die Ihnen Ihrem individuellen Kenntnisstandes entsprechend am besten weiterhelfen können. Stellen Sie sich Ihren persönlichen Leseplan ganz nach Ihren Bedürfnissen und zeitlichen Möglichkeiten zusammen!

Die folgenden zehn Frageblöcke beziehen sich jeweils auf ein Kapitel des Buches. Kreuzen Sie die Aspekte an, mit denen Sie sich als Erstes beschäftigen wollen. In der Randspalte finden Sie den entsprechenden Seitenverweis. Am Ende eines jeden Kapitels können Sie anhand der Aktionspläne gezielt Ihre nächsten Schritte auf dem Weg zu konstruktiven Konfliktgesprächen planen und umsetzen.

1. Grundregeln der Kommunikation

Haben Sie eine Vorstellung davon, was »Kommunikation« bedeutet und wie sie eigentlich funktioniert? Ist Ihnen bewusst, dass Sie auch kommunizieren, wenn Sie gar nichts sagen? (Für die erfolgreiche Gesprächsführung sind diese Basiskenntnisse unerlässlich!)

Warum verstehen manche Kollegen und Mitarbeiter Sie mit einer unangenehmen Regelmäßigkeit falsch? Und wieso sprechen manche Menschen nie das aus, was sie wirklich sagen wollen? (Die vier Seiten einer Nachricht helfen Ihnen beim Verständnis. Lernen Sie, mit vier Ohren zu hören!)

Siehe dazu:

▶ Kap. 1.1

▶ Kap. 1.2 – 1.6

2. Wie Konflikte entstehen

Kap. 2.1 Konflikt – wie oft haben Sie diesen Begriff schon gebraucht? Was steht eigentlich dahinter? (Nicht jede Meinungsverschiedenheit ist ein Konflikt!)

Kap. 2.2 – 2.3 Haben Sie sich schon einmal gefragt, ob Konflikte einen Sinn haben? Können sie von Nutzen sein? (Konflikte können auch positive Auswirkungen haben.)

Kap. 2.4 – 2.6 Was geschieht mit Ihnen in einem Konflikt? Erscheint Ihnen die Gegenpartei immer aggressiver und uneinsichtiger? Verdreht sie Handlungsabläufe zu ihrem Vorteil? Haben Sie den Eindruck, dass Konflikte an Ihrem Arbeitsplatz zunehmen? (Konflikte können unser Verhalten immens beeinflussen – bemühen Sie sich, objektiv zu bleiben.)

3. Konfliktarten

Kap. 3.1 Interessiert es Sie, zu erfahren, zu welchen Arten von Konflikten Zweierbeziehungen tendieren? (Die Beschreibung von Paarkonflikte gibt Ihnen Aufschluss!)

Kap. 3.2 Haben Sie Erfahrungen mit Konflikten in betrieblichen Dreier-Beziehungen gemacht, über die Sie gerne mehr wissen möchten? (Die Analyse von Dreieckskonflikten hilft Ihnen zu verstehen, was zwischen drei Parteien so alles vorgehen kann.)

Kap. 3.3 Als Führungskraft haben Sie es schon häufiger mit Gruppenkonflikten zu tun gehabt? Welche Konfliktarten sind in dieser Konstellation denkbar? (Gruppenkonflikte gibt es in jeder Abteilung – Augen auf!)

Ärgern Sie sich regelmäßig über Entscheidungen des Top-Managements, die sich an der Basis nicht umsetzen lassen? Haben Sie Kollegen, die Abteilungs- vor Unternehmensinteressen stellen? (Erfahren Sie mehr über die grundlegenden Arten von Organisationskonflikten.)

►Kap. 3.4

Lassen sich Konflikte stets daran erkennen, dass lauthals gestritten und offen gefochten wird? (Die »heiße« und »kalte« Konflikttypen zeigen sich auf unterschiedliche Art und Weise.)

►Kap. 3.5

4. Konfliktdiagnose

An welchen Verhaltensweisen können Sie ungelöste Konflikte im Unternehmen erkennen? Gibt es Anhaltspunkte? Was steht einer Konfliktlösung häufig im Weg? (Lernen Sie, echte Konflikte zu erkennen.)

►Kap. 4.1 – 4.2

Welche Informationen sind für eine Konfliktanalyse relevant? Wo liegt das Problem? Welche Fragen müssen Sie beantworten können? (Erst wahrnehmen und dann analysieren.)

►Kap. 4.3

Wie weit fortgeschritten ist der Konflikt? Können sich die Parteien noch aus eigener Kraft »zusammenraufen«? Gibt es Methoden, die Konfliktintensität zu messen? (Ordnen Sie Konflikte bestimmten Eskalationsniveaus zu, um sie beurteilen zu können.)

►Kap. 4.4

Sie möchten wissen, wie sich Lösungswege für Konflikte im Gespräch finden lassen? Halten Sie es für sinnvoll, die Beteiligten zu integrieren? (Kurz und gut: ein Vier-Stufen-Programm.)

►Kap. 4.5

Wie realistisch ist Ihre Selbsteinschätzung zu Ihrem Konfliktverhalten? (Machen Sie einen Check von Selbst- und Fremdbild.)

►Kap. 4.6

5. Typische Konflikte im Beruf

Kap. 5.1 – 5.2 ◄   Wirken sich langfristig ungelöste Konflikte auf den Unternehmenserfolg aus? Gelingt Ihnen die konstruktive Beilegung? (Konflikte beeinflussen Ihren Berufsalltag – positiv und negativ.)

Kap. 5.3 – 5.4 ◄   Wie können komplexe Konfliktsituationen praxisorientiert analysiert werden? Wie stellen Sie eine Konfliktdiagnose? (Sechs Fallstudien aus dem Berufsalltag. Mit Musterlösungen.)

6. Gespräche richtig führen

Kap. 6.1 ◄   Sie möchten Ihre Gespräche gut führen? Was sollten Sie bei der Festlegung Ihrer Gesprächsziele bedenken? (Sie müssen wissen, wo Sie hin wollen!)

Kap. 6.2 ◄   Wie bereiten Sie wichtige Gespräche vor? Wo, wann und mit wem sollen sie stattfinden? Was ist Gesprächstaktik? (Gute Gespräche wollen gut vorbereitet sein.)

Kap. 6.3 ◄   Die Durchführung von Gesprächen interessiert Sie besonders? Wie eröffnen Sie? Wie können Sie Ihrem Gesprächspartner zeigen, was Sie (von ihm) erwarten? Haben Sie gute Argumente? Wie beenden Sie die Unterredung in angenehmer Art und Weise? (Denken Sie daran: Sie wollen überzeugen!)

Kap. 6.4 ◄   Sie möchten mehr über die Auswertung von Gesprächen wissen? Analysieren Sie Ihre Unterredungen im Anschluss? Können Sie mit Kritik umgehen? Kennen Sie Feedback-Regeln? Warum sind Gesprächsprotokolle so wichtig? (Suchen Sie Feedback und lernen Sie aus Ihren Fehlern.)

Kap. 6.5 ◄   Was sind Erfolgskriterien für die Gesprächsführung? (Lesen Sie eine zusammenfassende Fallstudie zur Gesprächsführung.)

7. Körpersprache und Kommunikation

Kennen Sie Ihre Körpersprache? Was sagen Gestik und Mimik aus? (Ihr Körper spricht mit!) ▶Kap. 7.1 – 7.2

Wollen Sie erfahren, wie Sie Ihre Körpersprache trainieren und bewusst in Konfliktsituationen nutzen können? (Nonverbal und doch zielorientiert kommunizieren.) ▶Kap. 7.3

Was bedeutet eigentlich Neuro-Linguistisches Programmieren (NLP)? Können Sie die Methoden dazu nutzen, Ihr Verhalten und Ihre Einstellung bewusst zu verändern? (NLP – ein kurzer Einblick.) ▶Kap. 7.4

8. Moderation in Konfliktsituationen

Haben Sie bereits Erfahrung mit Konfliktmoderation und möchten mehr dazu wissen? Welche zwischenmenschlichen Problembereiche muss ein Moderator kennen und bedenken? (Als Moderator sollten Sie stets einen Schritt voraus sein!) ▶Kap. 8.1

Möchten Sie lernen, wie Sie als Moderator mit Killerphrasen verfahren können? Wie gehen Sie mit Gesprächsfallen um? (Tragen Sie Sorge für konstruktive Gespräche!) ▶Kap. 8.2 – 8.3

Wie können Sie Feedback in schwierigen Situationen geben? Wie stellen Sie sicher, nicht an den erhitzten Gemütern vorbeizureden? (Bereiten Sie Ihre Gesprächsrunde aufs Feedback vor!) ▶Kap. 8.4

Können Sie emotionale Ausbrüche mit Fassung tragen? Wie kommt es zu derartigen Überreaktionen und was haben sie zu bedeuten? (Lassen Sie sich nicht emotional anstecken!) ▶Kap. 8.5

9. Mediation schafft konstruktive Konfliktlösungen

Kap. 9.1 ◀ Möchten Sie erfahren, wie Mediation funktioniert? Was unterscheidet die Methode von der klassischen Vermittlung? Wie können Sie Mediation Schritt für Schritt anwenden? (Mediation: In sieben Schritten zum Erfolg.)

Kap. 9.2 ◀ Wie kann ein Mediator bei der Aufarbeitung eines Konflikts helfen? Welche Möglichkeiten stehen ihm offen und wann kann er diese einsetzen? (Einfühlungsvermögen: die notwendige Stärke eines guten Mediators.)

Kap. 9.3 ◀ Wie können Spannungen zwischen den Beteiligten gelöst werden? Wollen Sie etwas über Rollenspiele in Konfliktsituationen erfahren? (Eine spielerische Auseinandersetzung mit dem Konflikt trägt zum gegenseitigen Verständnis und damit zur Deeskalation bei.)

Kap. 9.4 ◀ Wie erreicht der Mediator, dass sich die Konfliktparteien Verständnis entgegenbringen? (Durch Gespräche Lösungen finden, von denen alle Beteiligten profitieren.)

Grundregeln der Kommunikation

Kennen Sie das? – Sie treffen eine Verabredung, aber warten zur scheinbar richtigen Zeit am richtigen Ort vergebens. Ihr Vorgesetzter erläutert ausführlich, was er von Ihnen erwartet, jedoch sind Sie nach dem Gespräch genauso schlau wie zuvor. Oder Sie bedenken Ihren Kollegen mit einem lockeren Spruch und der zieht sich schimpfend und beleidigt zurück.

Ob im Beruf oder im Privatleben – immer wieder kommt es zu ärgerlichen Missverständnissen, weil wir Dinge anders interpretieren, als sie gemeint waren. Das Wissen darum, wie Kommunikation funktioniert, wird es Ihnen erleichtern zu verstehen, wieso Menschen mit den gleichen Worten unterschiedliche Assoziationen verbinden und weshalb hieraus handfeste Konflikte resultieren können.

Ziel des Kapitels: Sie werden sich der vielen Dimensionen von Kommunikation bewusst und können so Konflikten vorbeugen

1.1 Wie funktioniert eigentlich Kommunikation?

Kommunikation ist

- ein Prozess von Mitteilen und Zuhören,
- Agieren und Reagieren,
- Senden und Empfangen von verbalen und nonverbalen Signalen z. B. durch Mimik, Gestik oder Körpersprache,
- kurz also der Austausch zwischen Menschen.

Jeder Mensch sendet und empfängt Signale gleichzeitig

Rein verbale Kommunikation erfordert zusätzliche Erläuterungen des Gesagten

Das Gespräch ist eine von vielen Möglichkeiten, zu kommunizieren – sich auszutauschen. Und das Gespräch soll in den folgenden Überlegungen im Zentrum unseres Interesses stehen. Jeweils abhängig davon, ob die Gesprächspartner sich sehen und hören können oder nur hören können, nutzen die Kommunikationspartner verbale und nonverbale oder ausschließlich verbale Kommunikationsformen, um sich auszutauschen.

BEISPIEL

Frau Schulz ist die Vorgesetzte von Herrn Höfler und hat erfahren, dass es zwischen Herrn Höfler und Frau Karl einen Streit gegeben hat. Frau Schulz möchte mehr über den Ablauf erfahren. Zu diesem Zweck hat sie Herrn Höfler in ihr Büro gebeten.

1. Frau Schulz: »Was haben Sie nun tatsächlich zu Frau Karl gesagt?« Frau Schulz lehnt sich nach vorne, legt Herrn Höfler die Hand auf den Unterarm. Sie bedeutet ihm mit ihrer Gestik, dass die erwünschte Information bei ihr gut aufgehoben sein wird, da man ihr vertrauen kann.

2. Frau Schulz kann Herrn Höfler nur telefonisch erreichen: »Was haben Sie nun tatsächlich zu Frau Karl gesagt? – Sie können sicher sein, dass ich die Information diskret behandeln werde. Das verspreche ich Ihnen!«

Die beiden erläuternden Sätze in der zweiten Situation sind notwendig, da Herr Höfler seine Vorgesetzte nur hören, aber nicht sehen kann. Mimik und Gestik können nicht zur Unterstützung der Botschaft genutzt werden. An ihre Stelle treten weitere, umfangreiche Erläuterungen.

Was aber ist nun Kommunikation, wie funktioniert sie? Alle unsere Handlungen und Äußerungen erzeugen Reaktionen unserer Mitmenschen. Dass wir kommunizieren, wenn wir beispielsweise einen Kollegen bitten, das Rauchen im Büro zu unterlassen oder uns bestimmte Unterlagen zukommen zu lassen, ist einleuchtend. Dies kann verbal oder auch durch schlüssiges Handeln erfolgen.

Kommunikation auch durch Handeln

Auch Nicht-Handeln und Abwesenheit sind Formen der Kommunikation

1. »Herr Schmidt, würden Sie bitte Ihre Zigarette ausmachen?«
2. Herr Höfler weist mit der Hand auf einen Aktenordner, der auf dem Schreibtisch von Frau Karl liegt und bedeutet ihr so, ihm die Unterlagen zu reichen.

Wir kommunizieren jedoch auch dann, wenn wir nicht handeln oder gegebenenfalls nicht einmal anwesend sind.

1. Herr Schmidt ist gebeten worden, seine Zigarette auszumachen. Den an ihn gerichteten deutlichen Appell müsste er gehört haben. Herr Schmidt blickt jedoch nicht auf. Er signalisiert weder Zustimmung noch Ablehnung und raucht weiter. Vielleicht hat Herr Schmidt die Bitte tatsächlich überhört, weil er abgelenkt war. Womöglich möchte er aber auch schlichtweg weiter rauchen und sich auf eine Diskussion hierzu nicht einlassen.
2. Frau Schulz hat mit Frau Karl einen Gesprächstermin vereinbart, um eine für beide unangenehme Situation zu bereinigen. Frau Karl erscheint nicht. Eine mögliche Botschaft an Frau Schulz könnte sein, dass Frau Karl das Problem nicht als schwerwiegend ansieht und einem klärenden Gespräch nur wenig Bedeutung beimisst.

Wir möchten Ihnen zeigen, wie Sie mit schwierigen Gesprächen besser umgehen können. Dazu gehört es, sich verständlich zu äußern und Reaktionen möglichst vollständig wahrzunehmen. Dies gilt jeweils für die verbalen und nonverbalen Signale, die wir aussenden und empfangen. Bevor wir uns mit Konfliktgesprächen im Einzelnen und unseren eigenen Stärken und Schwächen im Umgang mit ihnen beschäftigen, wollen wir uns dem Kommunikationsprozess widmen.

Das Grundlagenwerk zur Kommunikation: P. Watzlawick u. a. *Menschliche Kommunikation* (1969)

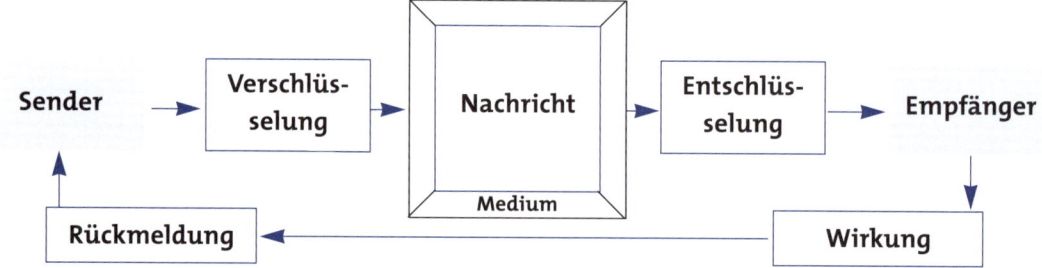

<table>
</table>

Kommunikation ist ein komplexer, mehrstufiger Prozess

Der Sender ist die Herkunftsquelle einer Botschaft, die an einen Empfänger ausgesendet wird. Der Sender verpackt sein Gedankengut so, wie er glaubt vom Empfänger am besten verstanden zu werden. Die Botschaft selbst wird dann über ein Medium zum Empfänger transportiert – Medium kann unsere Stimme oder beispielsweise auch ein Blatt Papier sein. Der Empfänger interpretiert die Botschaft im Hinblick auf seine Lage. Die Botschaft entfaltet so ihre Wirkung und ruft (wie auch immer geartete) Reaktionen beim Empfänger hervor, die als Rückmeldung an den Sender übermittelt werden.

Der Sender muss also idealerweise wissen, wen er ansprechen will und welche Wirkung er beim Empfänger hervorrufen möchte. Er muss seine Botschaft so verschlüsseln, dass der Empfänger sie mit großer Wahrscheinlichkeit richtig entschlüsseln kann. Die Botschaft selbst ist anhand eines leistungsstarken, passenden Mediums an den Empfänger zu leiten. Zudem sorgt der Sender dafür, dass ein Rückmeldungskanal existiert, der es ihm ermöglichen soll, die Reaktion des Empfängers zu erkennen.

BEISPIEL

Interaktion zwischen Sender und Empfänger

Frau Franke möchte ihren Mitarbeiter Herrn Lenke dazu bewegen, zehn Kunden anzurufen, um ihnen ein neues Produkt vorzustellen. Sie weiß, dass Herr Lenke selbstständig arbeiten kann und auch großen Wert auf seine Eigenständigkeit legt. Die Vorgesetzte geht davon aus, dass Herr Lenke einen direkten Appell kaum als Ansporn sieht. Die Integration seiner Meinung wertet ihn hingegen auf und soll ihn motivieren. Entsprechend formuliert Frau Franke: »Herr Lenke, was halten Sie davon, heute Nachmittag zehn Ihrer besten Kunden am Telefon auf unser neues Produkt anzusprechen?« Herr Lenke empfängt die Nachricht und interpretiert sie folgendermaßen: ›Meine Chefin fragt mich, ob eine Telefonaktion sinnvoll wäre – in Anbetracht unserer eher schlechten Verkaufszahlen macht das Sinn. Ich bin ihr bei der Entscheidungsfindung wichtig. Ich halte die Idee für gut.‹ Herr Lenke antwortet: »Das ist ein guter Vorschlag! Ich werde dieses Projekt gleich in Angriff nehmen!« Frau Franke hat ihren Mitarbeiter genau gemustert – seine Mimik, Gestik und Äußerung geben ihr ein Feedback: Herr Lenke ist wirklich angetan und wird die Aufgabe engagiert angehen.

Im Idealfall orientiert sich die Form einer Nachricht am Empfänger

1.2 Die vier Seiten einer Nachricht

Aufbauend auf diesem kleinen Exkurs zum Kommunikationsprozess können wir uns nun der Frage widmen, warum unsere Kommunikation funktioniert – oder warum manchmal auch nicht …

»Funktionieren« heißt hier, dass der Sender mit der Botschaft und deren Codierung die Wirkung hervorruft, die er sich gewünscht hat. Im Blickpunkt steht somit, was jemand von sich gibt bzw. das, was davon beim anderen ankommt. Kommunikation beinhaltet zwei Grundfragen:

▶ Die Frage nach der Authentizität des Geäußerten: Was denke ich? Was will ich?
▶ Die Frage nach der Wirkungsoptimierung: Wie äußere ich mich, um meine Gedanken so zu kommunizieren, dass der Empfänger sich »entsprechend« verhält?

Ein Ansatz, der genau diese Problematik behandelt, sind »die vier Seiten einer Nachricht« nach *Prof. Friedemann Schulz von Thun*. Auf den folgenden Seiten werden wir diese vier Aspekte näher beleuchten.

Den Maßstab in der deutschsprachigen Kommunikationsforschung setzt Prof. Friedemann Schulz von Thun insbesondere in seinem Werk *Miteinander reden 1 – Störungen und Klärungen* (1999)

Eine Botschaft sollte in der Sache prägnant und verständlich sein

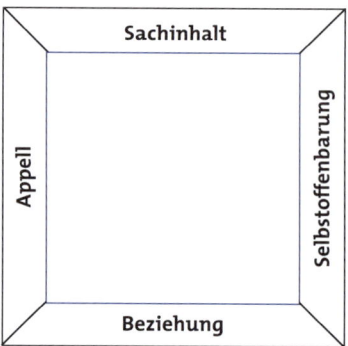

Sachinhalt

Eine Botschaft, die richtig ankommen soll, muss erstens verständlich sein. Sie sollte prägnant, geordnet und einfach aufgebaut werden.

BEISPIEL

Stellen Sie sich vor, Sie bitten zwei Kollegen getrennt voneinander bei einem PC-Problem um Rat. Beide Kollegen versuchen, Ihnen auf ihre jeweilige Art und Weise zu helfen:

1.   Kollege Alpers antwortet: »Also, das liegt ganz einfach daran, dass nicht nach Laufwerk C gesucht wird, sondern nach A, weil das Betriebssystem vorsieht, dass nachdem zuletzt das Diskettenlaufwerk benutzt wurde, der Zugriff auch jetzt wieder so erfolgen muss. Das ist ja genau das Problem mit diesem Betriebssystem…«

2.   Kollege Beyer antwortet Ihnen: »Schieben Sie die Diskette nochmal ein und wiederholen Sie den Speichervorgang!«

Der Sachaspekt einer Nachricht

Mit welcher Nachricht konnten Sie mehr anfangen? Sicherlich mit der zweiten, denn der Inhalt wurde sachlich und prägnant zusammengefasst. Diese Seite einer Nachricht wird als »Sachaspekt« bezeichnet.

Selbstoffenbarung

Sachinhalt und Verständlichkeit sind jedoch nur ein Aspekt von Nachrichten. Es spielt auch eine Rolle, inwieweit der Sender sich in seiner Botschaft »selbst offenbart«, wie viel er von sich, z. B. von seinen eigenen Gefühlen, preisgibt. Die zweite Seite des Modells ist daher der Grad der Selbstoffenbarung.

BEISPIEL

Sie haben einen jungen Mitarbeiter gebeten, die Präsentation seiner Ergebnisse innerhalb der Abteilung vorzubereiten und selbst durchzuführen. Mit welcher Antwort können Sie mehr anfangen, wenn es Ihnen darum geht, Hilfestellung zu leisten?

1. »Eine Präsentation? Das interessiert doch eh keinen hier. Und außerdem schaffe ich das zeitlich gar nicht!«

2. »Eine Präsentation? Oh – das habe ich noch nie gemacht. Die Vorstellung, vor den anderen über meine Arbeit zu sprechen, verunsichert mich.«

Beziehung

Die dritte Seite betrifft den Beziehungsaspekt. Er verrät, wie der Sender zum Empfänger zu stehen glaubt. Sieht er den Empfänger als gleichberechtigten Partner? Betrachtet er ihn vielleicht als ihm unter- oder übergeordnet?

»Ich muss gestehen, dass ich über die ›Geburt‹ dieses Quadrates sehr zufrieden gewesen bin«

F. Schulz von Thun in *Miteinander reden 2* (1999)

BEISPIEL

Sie sind zusammen mit einem Ihrer Vorstände bei wichtigen Verhandlungen mit potenziellen neuen Kunden. Bei welcher Aussage Ihres Chefs dürften Sie sich besser fühlen?

1. »Meine Herren, ich habe Ihnen ein gutes Angebot mitgebracht. Mein Mitarbeiter hier wird es kurz vorlesen. Bei Fragen wenden Sie sich aber am besten gleich an mich – das spart Ihnen Zeit und Geld!«

Jede Nachricht
hat einen
appellativen
Charakter und
will den Ge-
sprächspartner
beeinflussen

2.   »Meine Herren, wir haben Ihnen ein gutes Angebot mitgebracht.
Unser Vertriebsleiter wird es Ihnen präsentieren. Er steht Ihnen für
alle Fragen gern zur Verfügung, Sie können sich natürlich jederzeit
auch gerne direkt an mich wenden.«

Appell

Als vierter Aspekt einer Nachricht ist der Appell zu sehen. Er befasst sich
mit der Wirkung, die eine Nachricht hervorrufen soll. Es geht hier um
beeinflussende und manipulatorische Elemente. Der Gesprächspartner
soll z. B. zuhören, antworten oder Interesse bekommen.

BEISPIEL

Sie möchten Ihre Mitarbeiter dafür gewinnen, am 1. Januar 2000 zur
Arbeit zu kommen, um die Funktionsfähigkeit Ihrer EDV zu prüfen.
Welcher Appell ist aus Ihrer Sicht erfolgversprechender?
1.   »Sie kommen am 1. 1. – das ist für den Betrieb notwendig und
steht somit nicht zur Diskussion!«
2.   »Ihre Unterstützung am 1. 1. ist unverzichtbar. Ich würde mich
freuen, Sie um 10:00 Uhr zum gemeinsamen Katerfrühstück hier im
Büro zu sehen.«

Wann immer Sie sich jemandem mitteilen, sind die vier Seiten einer
Nachricht in Ihrer Äußerung nebeneinander vorhanden:

Jede Äußerung
enthält die
vier Seiten
der Nachricht

▶ Sachinhalt (worüber informiere ich?)
▶ Selbstoffenbarung (was gebe ich von mir preis?)
▶ Beziehung (wie stehen wir zueinander?)
▶ Appell (wozu will ich veranlassen?)

1.3 Explizite und implizite Seiten

Oft stehen die entscheidenden Aspekte einer Botschaft zwischen den Zeilen

In aller Regel wird bei einer Nachricht nur ein Aspekt direkt ausgesprochen. Die übrigen drei Gesichtspunkte treten nur zwischen den Zeilen oder atmosphärisch zutage. Stellen Sie sich die folgende (fast alltägliche?) Situation vor.

BEISPIEL

Ihr Kollege teilt Ihnen mit: »Im Fotokopierer ist kein Papier mehr!«
Fraglos handelt es sich hier um eine explizite Sachfeststellung –
im Kopierer ist kein Papier. Jedoch kann diese Botschaft noch weitere
Saiten in Ihnen anschlagen, oder?

▶ Schwingt vielleicht ein wenig der Vorwurf mit: »Ich bin mir sicher, dass du als Letztes kopiert und kein neues Papier eingelegt hast!«
▶ Hören Sie auch einen Appell heraus? So z. B. »Hol doch endlich mal neues Papier und leg es nach!«
▶ Auch die Selbstoffenbarung Ihres Kollegen könnte eine Rolle spielen: »Ich bin enttäuscht davon, wie selbstverständlich du dich darauf verlässt, dass ich immer neues Papier besorge und nachlege.«

Wörtlich ausgesprochen wurde nur der Sachinhalt. Der ist jedoch deshalb nicht wichtiger als die übrigen Aspekte! Häufig verhält es sich sogar umgekehrt – gerade das, was atmosphärisch mitschwingt, eröffnet erst den Blick auf den Grund, weshalb sich Ihr Kollege geäußert hat.

Schulz von Thun hat ein schönes Bild gewählt: Eine der vier Seiten einer Nachricht steht über der Wasseroberfläche. »Im Fotokopierer ist kein Papier mehr!«. Die Beziehungsseite (»Du bist nachlässig...«), der Appell (»Hol Papier...«) und die Selbstoffenbarung (»Ich bin enttäuscht...«) schwingen mit. Innerhalb des Gesprächs kann sich die »quadratische Nachricht« drehen, sodass eine andere Seite auftaucht. Die übrigen drei Aspekte bestimmen dann die Atmosphäre.

Mit den Vor- und Nachteilen expliziter und impliziter Formulierung haben sich u. a. K. Pawlowski und H. Riebensahm in *Konstruktiv Gespräche führen* (1998) beschäftigt

Die Formulierung und die Interpretation von Nachrichten hängt von persönlichen, meist unbewussten Neigungen ab

Menschen unterscheiden sich in ihrer Kommunikation darin, welche Seite von Botschaften sie bevorzugt »über Wasser« halten. Es ist dies eine Frage von Persönlichkeit und Gewohnheit. So dürfte Ihr Kollege aus dem vorangegangenem Beispiel dazu neigen, seine Emotionen in Sachmitteilungen zu verpacken. Er gibt so wenig von sich selbst preis und vermeidet es, direkt Anweisungen zu erteilen.

1.4 Vier Seiten mit vier Ohren hören?

Beim Empfang einer Nachricht werden die folgenden Vorgänge ausgelöst:

1. Nachricht wahrnehmen
2. Nachricht unterbewusst interpretieren
3. Erste Emotion als Reaktion
4. Nachricht bewusst interpretieren

Das Wahrnehmen einer Sprachnachricht ist ein physiologischer Vorgang. Interessant wird erst der zweite Schritt, nämlich die unterbewusste Interpretation. Aus ihr resultiert zunächst ein Gefühl, eine Stimmung. In dieser Gemütslage beginnen Sie mit dem bewussten Versuch, eine Nachricht zu interpretieren. In Anlehnung an die Verschlüsselung lassen sich bei der Entschlüsselung ebenfalls die vier Aspekte einer Nachricht heraushören:

▶ Sachinhalt (wie ist das Gesagte zu verstehen?)
▶ Selbstoffenbarung (was für ein Mensch ist mein Gegenüber?)
▶ Beziehung (wen glaubt er, vor sich zu haben?)
▶ Appell (was soll ich aufgrund seiner Mitteilung fühlen, denken, tun?)

Unbewusste Aufnahme einer Nachricht durch das Lieblingsohr

Was eine Nachricht beim Empfänger bewirkt, wird durch diesen selbst bestimmt. Die Wahl des »Lieblingsohres« liegt in der Regel im unbewussten Entscheidungsbereich des Empfängers. Es kann aber hilfreich sein, bewusst darauf zu achten, mit welchem Ohr Sie hinhören!

Der gleiche Satz klingt in jedem Ohr verschieden

Äußert der Chef gegenüber seinem Mitarbeiter beispielsweise: »Ihr Schreibtisch sieht ja aus, als hätte eine Bombe eingeschlagen!«, entwickelt sich das im Mitarbeiter entstehende Gefühl je nach dessen präferiertem Ohr.

▶ Der Mitarbeiter hört mit dem Sachohr und stellt nüchtern fest, dass sein Vorgesetzter Recht hat und er mal wieder aufräumen müsste.

▶ Mit dem Selbstoffenbarungsohr könnte der Mitarbeiter die mentale Verfassung seines Chefs erahnen und feststellen, dass dieser heute extrem schlecht gelaunt ist.

▶ Mit dem Beziehungsohr stellt der Mitarbeiter beispielsweise für sich fest, dass sein Chef nicht das Recht dazu hat, sich in seine Arbeitsorganisation einzumischen, solange sein Ergebnis stimmt.

▶ Hört der Mitarbeiter bevorzugt mit dem Appellohr, nimmt er in erster Linie den »Befehl« zum Aufräumen wahr.

FAZIT

Es liegt im Ohr des Empfängers, wie er eine Nachricht aufnimmt und wie er mit ihr umgeht!

1.5 Das Gemeinte und das Gesagte

Zieht eine ausgesprochene Nachricht viele unausgesprochene im Schlepptau hinter sich her, nimmt die Wahrscheinlichkeit zu, den Inhalt der Nachricht richtig zu verstehen. Das 4-Ohren-Modell leistet dabei einen wichtigen Beitrag, indem der Empfänger die Botschaft vierfach mehr oder weniger gleichmäßig auf die einzelnen Sinninhalte abklopft. Er erschließt so das Gemeinte aus dem Gesagten. Hieraus können jedoch auch Missverständnisse entstehen. Etwa wenn der Empfänger auf Botschaften reagiert, die der Sender gar nicht kommunizieren wollte.

Das 4-Ohren-Modell können Sie in F. Schulz von Thuns *Miteinander reden 1* (1999) vertiefend nachlesen

Interpretieren Sie nicht zu viel in eine Botschaft hinein!

Stellen Sie sich vor, Sie kommen am Morgen abgehetzt und genervt eine viertel Stunde zu spät an Ihren Arbeitsplatz und werden von Ihrem Vorgesetzten mit einem lauten »Mahlzeit! Ausgeschlafen?« begrüßt. Was geht in Ihnen vor? Vielleicht hören Sie heraus: »Sie sind zu spät, Sie sind unzuverlässig und das merke ich mir!« Sie fühlen sich ungerecht behandelt und ärgern sich – denn schließlich kann man sich doch gerade auf Sie verlassen! Ihr Chef wollte eigentlich nur witzig sein und etwas sticheln. Ihre Zuverlässigkeit stand für ihn gar nicht zur Diskussion. Er selbst hat keinen Vorwurf mit seiner Aussage verbunden.

Verdeutlichen Sie sich die Situation und machen Sie sich klar, welchen Zweck das Gespräch hat! Lassen Sie das Gesprächsziel nicht aus den Augen.

Versuchen Sie, die Aussage Ihres Gegenübers zu verstehen, bewerten Sie sie nicht gleich! Trennen Sie zunächst zwischen Fakten und Ihrer Interpretation. Denken Sie daran, dass die Botschaft, die gesendet wird, oft nicht der entspricht, die empfangen und entschlüsselt wird. Nur das, was der Sender wirklich transportieren wollte, ist wichtig!

Achten Sie auf die Reaktion Ihres Gesprächspartners!

1.6 Übungen

Sachaspekt der quadratischen Nachricht

Auswirkungen auf das Gesprächsklima

Führen Sie ein Kurzgespräch mit Ihrem Partner. Übernehmen Sie jeweils abwechselnd den Part von A und B. A trifft eine Feststellung, B reagiert auf diese ausschließlich auf der Sachebene. Wie wirkt sich das Verhalten von B auf das Gesprächsklima aus?

BEISPIEL

A: Du hast deine Mittagspause um 30 Minuten überzogen!

B: Das stimmt, ich war lange weg.

Die Beziehungslauer

A trifft harmlose Festellungen, B soll auf der Beziehungslauer liegen und in jeder Nachricht einen Angriff auf seine Person vermuten.

BEISPIEL

A: Bier hat eine Menge Kalorien.

B: Dass ich zu dick bin, muss ich mir von dir wohl kaum vorhalten lassen.

Die Appelllauer

Nun legt sich B auf die Appelllauer. B vermutet, dass A mit seinem Gesagten stets eine Aufforderung »harmlos« verpacken will.

BEISPIEL

A: Es ist 12 Uhr.

B: Ich möchte aber noch nicht zum Mittagessen gehen.

Stellen Sie sich bei der Durchführung der Übungen stets die Frage, wie sich das Verhalten von B auf das Gesprächsklima auswirkt!

Durch Verdeut-
lichung des
Gesagten er-
leichtern Sie das
gegenseitige
Verständnis

1.7 Checkliste für ein »besseres« Kommunizieren

1. Vertreten Sie in Ihren Aussagen sich selbst! »Ich hätte gerne ein neues Ablagesystem« ist besser als »Man sollte ein neues Ablagesystem einführen.«

2. Wenn Sie eine Frage stellen, sagen Sie auch, warum Sie fragen und was diese Frage für Sie bedeutet.

3. Seien Sie authentisch in Ihrer Kommunikation. Machen Sie sich bewusst, was Sie denken und fühlen.

4. Halten Sie sich mit Interpretationen möglichst lange zurück. Sprechen Sie stattdessen Ihre eigenen Reaktionen deutlich aus, damit es Ihrem Gegenüber leichter fällt, Sie richtig zu verstehen.

AKTIONSPLAN

So lösen Sie Kommunikationsprobleme

Der folgende Aktionsplan »Kommunikation« fasst die wichtigsten Punkte des ersten Kapitels zusammen. Legen Sie für sich selbst fest, an welchen Dingen Sie vorrangig an sich arbeiten wollen.

1. Quadratische Nachrichten

Andere Menschen können Ihren Aussagen oft nicht ganz folgen oder verstehen Sie falsch.

Befinden Sie sich in dieser Lage?

Nein

Ja, das letzte Mal war das in der folgenden Situation:

_____

_____

Vorschläge zur Lösung des Problems

▶ Vergegenwärtigen Sie sich, welche Seite der Nachricht Sie   ▶ Seite 23 ff.
beim Sprechen bevorzugt oben halten und überlegen Sie,
ob diese Vorliebe unter Umständen dazu führt, dass andere
schwer nachvollziehen können, was Sie wollen.

▶ Haken Sie nach, falls Sie das Gefühl haben, selbst nicht richtig   ▶ Seite 24 – 26
verstanden worden zu sein.

▶ Bereiten Sie sich auf wichtige Gespräche anhand der   ▶ Seite 32
Checkliste für ein »besseres« Kommunizieren vor!

2. Mit vier Ohren hören

Sie verstehen häufig nicht, was Ihre Mitmenschen von Ihnen wollen. Es kommt hin und wieder vor, dass Sie Aussagen Ihrer Mitarbeiter, Kollegen oder Vorgesetzten komplett falsch verstehen oder anders interpretieren, als sie tatsächlich gemeint waren.

Befinden Sie sich in dieser Lage?

Nein

Ja, ich erinnere mich insbesondere an die folgende Situation:

_____

_____

Vorschläge zur Lösung des Problems

▶ Erkundigen Sie sich bei Ihren Mitmenschen, ob Ihre Selbsteinschätzung von ihnen geteilt wird.

Seite 28 – 30 ◀ ▶ Mit welchem Ohr hören Sie am liebsten? Vielleicht äußert sich der überwiegende Teil Ihrer Mitarbeiter und Kollegen derart, dass Ihr »Lieblingsohr« deren Botschaften falsch entschlüsselt.

Seite 27 – 28 ◀ ▶ Bevorzugen die Gesprächspartner, deren Äußerungen Sie häufig falsch verstehen, die implizite Aussprache einer Nachricht? Dann haben Sie zwei Möglichkeiten: entweder Sie stellen sich darauf ein, »zwischen den Zeilen« zu hören oder Sie bitten Ihr Gegenüber, die zentrale Botschaft direkt auszusprechen.

Seite 24 – 26 ◀ ▶ Fragen Sie nach, wenn Sie glauben, eine Aussage nicht richtig verstanden zu haben.

Seite 29 – 30 ◀ ▶ Um sicher zu sein, dass Sie eine Nachricht vollständig und richtig empfangen, sollten Sie sich zunächst auf das reine Zuhören und Verstehen konzentrieren. Zu frühe Interpretationen verengen unter Umständen Ihr Blickfeld und engen die Wahrnehmungsfähigkeit ein.

Wie Konflikte entstehen

In den vergangenen Jahren ist das Interesse am konstruktiven, fachkundigen Umgang mit Konflikten insbesondere im Berufsleben gewachsen – und nicht selten hören und sprechen wir in diesem Zusammenhang von Konfliktmanagement oder Konfliktlösung. Ein wichtiger Aspekt ist dabei die Ursache von Konflikten.

Ziel des Kapitels: Lernen Sie, den Nutzen von Konflikten zu erkennen und konstruktiv mit ihnen umzugehen

2.1 Was ist ein Konflikt?

Es geht hier um scheinbar unvereinbare Handlungstendenzen, die als störend oder sogar blockierend empfunden werden. Mindestens zwei Parteien sind beteiligt. Dabei ist es nicht unbedingt notwendig, dass alle Parteien ihre Situation als Konflikt erleben, weil eine Störung auch einseitig gefühlt werden kann. So wird auch der innere Konflikt, also der Konflikt mit sich selbst, durch das Verhalten einer anderen Person, Gruppe oder Organisation ausgelöst.

Ein echter Konflikt wird als einschneidende Störung empfunden. Er entsteht zwischen Individuen, Gruppen oder Organisationen, wenn mindestens ein Beteiligter Unvereinbarkeiten im

- ▶ Denken, Vorstellen, Wahrnehmen und/oder
- ▶ Fühlen und/oder
- ▶ Wollen

mit den anderen Beteiligten erlebt. Dabei wird einer der Beteiligten durch den anderen beeinträchtigt. Es ist dabei unerheblich, ob die jeweilige Gegenseite ihn willentlich oder unabsichtlich behindert.

Konfliktmanagement von Prof. Dr. Friedrich Glasl (1999) ist das Grundlagenwerk für die wissenschaftliche Beschäftigung mit Konflikten

Konflikte ent-
stehen selten
um ihrer selbst
willen

2.2 Haben Konflikte einen Sinn?

Die Ursachen für Konflikte sind äußerst vielschichtig. Ein Konflikt kann aus praktisch allem erwachsen. Wenn wir uns bewusst machen, welche Kleinigkeiten in der Vergangenheit zu schweren Konflikten geführt haben, können wir manchmal nur ungläubig den Kopf schütteln.

Welchen Sinn haben Konflikte? Sind sie für unser Zusammenleben und unsere Weiterentwicklung erforderlich? Oder handelt es sich bei einem Konflikt um einen unnötigen Beziehungsunfall, der bremst und besser hätte vermieden werden sollen?

Konflikte bearbeiten Unterschiede

Konflikte helfen, vorhandene Unterschiede zu verdeutlichen und damit für die Beteiligten greif- und nutzbar zu machen. Deutlich erkennbare Unterschiede führen zu einer Vielzahl von Fragen. So beispielsweise: Welche Ansicht ist richtig? Müssen die unterschiedlichen Perspektiven zusammengefügt werden? Der Sinn eines Konfliktes besteht somit darin, Widersprüche zur Sprache zu bringen.

BEISPIEL

Die Forschungs- und Entwicklungsabteilung (F&E) und die Marketingabteilung eines mittelständischen Technologieunternehmens hatten vor einigen Monaten den Startschuss für die Entwicklung eines neuen Produkts gegeben. Aufgrund seiner einzigartigen Eigenschaften, so genannter Features, sollte das Produkt als »Umsatzbringer« schnell Serienreife erlangen und offensiv in den Markt gedrückt werden. Nach einem knappen Briefing, was das Produkt können muss, zogen sich seinerzeit beide Abteilungen zurück, um ihren Teil der Entwicklungsarbeit zu leisten. Die F&E-Abteilung wollte den Prototypen noch verbessern, neue Teilkomponenten prüfen, den Prototypen einer Testphase unterziehen sowie die Serienproduktion vorbereiten. Im Marketing des Unternehmens wurden eine Marktstudie in Auftrag gegeben, um Interessen und Preissensibilitäten der

Abteilungs-
konflikte

Zielgruppe auszuloten sowie Kataloge und eine Marketingkampagne entwickelt. Auf den ersten Blick eine Produktentwicklung wie aus dem Lehrbuch …

Zwei Monate vor dem bereits angekündigten Produktstart anlässlich einer Fachmesse lädt der für Entwicklungen zuständige Geschäftsführer die beiden Abteilungen zu einem Workshop, um den Stand der Dinge zu erfahren. Sehr schnell stellt sich in der Diskussion heraus, dass das Marketing den Nutzen und die Leistungsfähigkeit des Neuprodukts viel höher eingeschätzt und bereits kommuniziert hat, als F&E zu leisten fähig ist. Der Zeitdruck ist groß, die Geschäftsleitung verlangt eine Rechtfertigung für den hohen Entwicklungsaufwand beider Abteilungen. Dies führt zu einer streitbetonten, turbulenten Sitzung: Die Abteilungsleiter werfen sich gegenseitig vor, sich nicht an Absprachen gehalten zu haben und damit das Gesamtinteresse des Unternehmens zu verletzen. Der anwesende Geschäftsführer hält beide Parteien an, ihre Erwartungen und Wünsche an das Produkt und an die Gegenseite vollständig vorzutragen. Er gewinnt auf diese Weise einen guten Überblick über das Problem – die unterschiedlichen Ansichten der Konfliktbeteiligten kommen zutage.

Ein Problem kann nur dann gelöst werden, wenn vorhandene Widersprüche deutlich werden

Konflikte sorgen für Einheitlichkeit in der Gruppe

Auf den ersten Blick paradox, aber der Sinn von Konflikten liegt auch in der Schaffung von Übereinstimmung in einer Gruppe. Konflikte helfen dabei, die erkannten Unterschiede zu überwinden und das Team wieder zusammenzuschweißen. Dieser Effekt beruht darauf, dass Abweichler innerhalb ihrer Gruppe unter Druck geraten. Sie erläutern ihre Position und erfahren die Argumente der anderen Gruppenmitglieder. Eine Meinung, die die Einheitlichkeit der Gruppe infrage stellt, kann so wieder verändert werden. Abweichler werden wieder in die Gruppe integriert.

Zum Sinn von Konflikten: Dr. Gerhard Schwarz, *Konfliktmanagement – Konflikte erkennen, analysieren, lösen* (1999)

Nur wenn alle mitmachen, kann das Ziel erreicht und die ganze Komplexität des Problems erfasst werden

Während der Diskussion um das Neuprodukt hebt sich insbesondere der Leiter des Außendienstes hervor: »Wenn das Produkt nicht das leisten kann, was der Marketingbereich vorsieht, brauchen wir die Entwicklung gar nicht weiter voranzutreiben. Es ist ohnehin schade um jeden Euro, der in den Entwicklungsbereich fließt! Da kommt nie etwas Vernünftiges heraus.« Dieser extremen Ansicht wollen sich auch auf der Marketingseite nicht viele Kollegen anschließen. Der Geschäftsführer appelliert an die Einsicht, dass alle Abteilungen des Hauses gleich wichtig seien. »Wir funktionieren nur, wenn sich alle Zahnräder drehen. Und unser Ziel muss es sein, das Produkt zum angekündigten Termin fertig zu haben. Daran müssen wir jetzt gemeinsam arbeiten!« Nach kurzem hin und her stimmen die Teilnehmer des Workshops, einschließlich des Außendienstleiters, einsichtig zu. Nur wenn alle mitmachen, kann das Ziel noch erreicht werden.

Konflikte helfen, Komplexität zu entwickeln

Durch Streit und Diskussion innerhalb eines Konflikts können viele unterschiedliche Meinungen zusammenkommen. Das Gesamtbild, das die Gruppe aus den vielen Mosaiksteinchen erhält, ist im Vergleich zu einer Einzelmeinung ungleich komplexer. Konflikte erlauben eine vielseitige Visualisierung von Problemen. Alle aus Sicht der Gruppe relevanten Aspekte können diskutiert werden.

Visualisierung des Problems von allen Seiten

Der Leiter der Forschungs- und Entwicklungsabteilung bittet die Mitglieder seines Teams, auf einem Flip-Chart alle umsetzbaren Features des Neuprodukts zusammenzutragen. Eine weitere Rubrik soll die Produkteigenschaften enthalten, die sich die Entwickler wünschen würden, die jedoch aufgrund von Zeit- und Geldmangel nicht realistisch sind. Auf Marketingseite werden die Äußerungen mit wachsendem Verständnis für bestehende Sachzwänge aufgenommen. Alles in allem werden knapp 20 Punkte zusammengetragen, über die diskutiert wird. Das Problem wird in seiner Komplexität deutlich. Gleichzeitig wird es in Teilkonflikte zerlegt, die sich einfacher lösen lassen.

Konflikte garantieren Gemeinsamkeit

Wollte man immer der Vielfalt von Meinungen Rechnung tragen, käme man niemals an einen Punkt, von dem aus ein Problem überschaubar, geschweige denn steuerbar würde. Wird auf alle individuellen Bedürfnisse Rücksicht genommen, gibt es am Ende keine Gemeinsamkeit. Gleiches gilt aber auch, wenn die individuellen Wünsche und Ziele vollständig missachtet werden. Der Einzelne wird versuchen, seine Interessen mit einer gewissen Härte in der Gruppe durchzusetzen. Umgekehrt wird die Gruppe gegen zu viel Individualismus vorgehen. Irgendwann stört die Vielfalt und die Sonderinteressen müssen sich den Allgemeininteressen unterordnen. Dies geschieht, indem Lösungsmöglichkeiten ausgelotet werden und sich mindestens eine von zwei Konfliktparteien auf die andere soweit zubewegt, dass eine Einigung gefunden werden kann.

BEISPIEL

Beide Abteilungen machen einander Zugeständnisse – die Möglichkeit, das Produkt zur Messe serienreif zu haben, rückt in greifbare Nähe. Am Ende verbleibt jedoch ein Streitpunkt: Die Marketing-Abteilung besteht auf einer übersichtlicheren Gestaltung der Bedienungselemente des Produkts. Die Entwickler wehren sich gegen diese Veränderung, da man den Bedienungsteil für logisch aufgebaut hält und eine Umarbeitung den ohnehin engen Zeitplan letztlich sprengen würde. In diesem verbleibenden Streitpunkt finden die Parteien keine Übereinkunft. Die Argumente werden vom zuständigen Geschäftsführer gesammelt und geprüft. Er muss nun eine Entscheidung treffen. Aufgrund des Termindrucks und der bereits

---

Konflikte lösen heißt, den Ausgleich der Interessen zu suchen und die gemeinsame Basis zu erhalten

»…bei Seminaren über Konfliktmanagement wurde ich immer wieder gefragt, ob ich ein System der Ursachen von Konflikten hätte. Ich musste dies immer verneinen…Die Frage nach der Ursache sollte ersetzt werden durch die Frage nach dem Sinn der Konflikte«

G. Schwarz, *Konfliktmanagement* (1999)

**Neue Verhaltens-
weisen stehen
im Konflikt mit
den Normen –
und werden oft
aus Einsicht
übernommen**

vereinbarten Produktänderungen, entscheidet er, dass die Bedienungselemente so bleiben, wie sie jetzt sind. Das Marketing
nimmt dies zur Kenntnis.

Konflikte stehen für Veränderung

Konflikte haben auch den Sinn, Veränderungen einzuleiten. Wenn
Umweltbedingungen dazu führen, dass zunächst Einzelne die
Situation als untragbar empfinden, werden diese neue Verhaltens-
weisen ausprobieren und so mit den tradierten Normsystemen in
Konflikt geraten. Nie werden alle Gruppenmitglieder gleichzeitig ihr
Verhalten ändern. Erweist sich die Verhaltensänderung als richtig und
notwendig, werden immer mehr Menschen dem neuen Weg folgen.
Das Überleben von Gruppen kann davon abhängen, wie schnell die
Mitglieder zu dieser Einsicht gelangen.

BEISPIEL

»Für das nächste Mal muss aber auf die Gestaltung der Bedien-
elemente mehr Wert gelegt werden!«, fordert der Marketingchef. Der
Forschungsleiter erklärt sich dazu bereit. Beide Abteilungen beschlie-
ßen, für künftige Produktentwicklungen ein Team zu bilden, das
sich von Beginn an mit dem Spannungsfeld von Funktionalität und
Anmutung auseinander setzen soll. Darüber hinaus führen die
Ergebnisse der Diskussionen zwischen beiden Abteilungen zu einer
Reihe von Anpassungen am entwickelten Produkt und an seinem
Marktauftritt.

Konflikte erhalten das Bestehende

**Verändern oder
bewahren –
gegensätzliche
Funktionen des
Konflikts**

Der Sinn eines Konflikts kann auch im Erhalt des Bestehenden gesehen
werden. Es zeigt sich immer wieder, mit welcher Aggressivität und
Konsequenz gegen Abweichler vorgegangen wird. Indem innerhalb
einer Gruppe ein Sündenbock ausgemacht werden kann, sorgt ein
Konflikt auch für Stabilität innerhalb der Gruppe. Wurde der Störende

»Sündenböcke«
können für die
Stabilität des
Systems sorgen

identifiziert, kann er entweder vom altem System ausgeschlossen oder
wieder integriert werden.

BEISPIEL

Der Geschäftsführer fragt abschließend, wie es denn zu solchen
Missverständnissen kommen konnte. »Wir haben doch die Position
des Produktmanagers geschaffen, um genau solche Probleme zu verhindern.« Rückblickend stellen die Workshop-Teilnehmer fest, dass
der (ebenfalls anwesende) Produktmanager die Informationen
während der ersten Entwicklungsphase unzureichend koordiniert
hat. Der Poduktmanager gesteht ein, sicherlich einige Fehler gemacht
zu haben. »Die resultieren aber in erster Linie aus der Tatsache, dass
ich 75 % meiner Arbeitszeit mit der Rückrufaktion aus dem vergangenen Jahr verbringen musste!« Die Kollegen nicken verstehend – die
Rückrufaktion hat sie alle belastet, alle waren aber froh, dass der
Großteil der Aufgaben vom besagten Produktmanager erledigt wurde. Fehler passieren nun mal. Die Hauptsache ist, dass man daraus
lernt. Zum Ende des Workshops schütteln sich die Abteilungsleiter
versöhnlich die Hände – gemeinsam werden sie mit ihren Teams das
Produkt zur Messe vorstellen können!

2.3 Altes und neues Konfliktdenken

Altes Konfliktdenken	Neues Konfliktdenken
Konflikte sind überflüssig. Sie bremsen uns in unserer Ent- wicklung und stören auf diese Weise unser Zusammenleben.	Konflikte sind unvermeidbar. Sie sind notwendig, um Phasen der Anpassung einzuleiten und sind somit ein unabdingbarer Bestandteil unseres Zusammen- lebens.

»Konflikt ist
Freiheit, weil
durch ihn allein
die Vielfalt und
Unvereinbarkeit
menschlicher
Interessen und
Wünsche in einer
Welt notorischer
Ungewissheit
angemessen Aus-
druck finden
kann«

R. Dahrendorf,
Homo sociologicus
(1977)

Der Umgang mit Konflikten erfordert Umdenken in vielen Bereichen

Altes Konfliktdenken	Neues Konfliktdenken
Um einen Konflikt zu lösen, müssen seine Ursachen erkannt und ausgeschaltet werden.	Konfliktursachen sind in der Regel in einem komplexen System miteinander vernetzt. Die zum Teil irrationalen Verknüpfungen müssen von allen Beteiligten gemeinsam analysiert werden. Es reicht nicht, den vermeintlichen Schuldigen zu identifizieren und auszuschließen.
Konfliktlösung basiert auf logischen Analysen und Maßnahmen.	Um Konflikte zu lösen, stehen dialektische Methoden im Vordergrund. Das bedeutet, dass eine Lösung häufig nur durch Reden und Verhandlung gefunden werden kann. Rationalität und Irrationalität müssen zugelassen werden.
Konflikte führen zu Gewinnern und Verlieren.	Ein Konflikt kann nicht einseitig gewonnen werden. Der Konflikt schwelt dann nämlich weiter. Ein für beide Seiten befriedigendes Ergebnis ist jedoch erreichbar, wenn beide Parteien eine Übereinkunft auf der Sach- und auf der Beziehungsebene finden können.

Keine Polarisierung in Gewinner und Verlierer mehr

2.4 Was geschieht mit Ihnen in einem Konflikt?

Aus welchem Anlass auch immer – Sie werden in einen Konflikt hineingezogen. Kollegen um sie herum tuscheln und Ihr Chef unterbricht plötzlich sein Telefonat, als Sie sein Büro betreten…

Informationsmängel wecken Misstrauen

Wenn uns das Gefühl beschleicht, in einer Angelegenheit, die uns etwas angeht, absichtlich außen vor gelassen zu werden, neigen wir bei diesem Sachverhalt zu einer erhöhten Empfindlichkeit. Diese fördert eine grundsätzlich eher misstrauische Haltung:

▶ Kann ich mir sicher sein, dass der andere es gut mit mir meint?
▶ Was führt der Gegner im Schilde?

Unsicherheit erwächst aus widersprüchlichen Gefühlen: Phasen der Achtung und Respektlosigkeit vor dem Gegner, Sympathie und Antipathie, Vertrauen und Misstrauen wechseln einander ab. Ambivalente Gefühle können wir auf Dauer nicht aushalten. Wir verspüren ein Bedürfnis nach klaren, eindeutigen Gefühlen und Beziehungen. Wenn also zwei Gefühle nicht gleichzeitig Platz in uns finden, muss eines weichen.

In Konfliktsituationen tendieren wir zu einer undifferenzierten Einschätzung anderer Menschen.

BEISPIEL

Sie fanden Herrn Schmidt immer schon problematisch, aber eigentlich ganz nett. Seit er Ihnen jedoch als Vorgesetzter das Leben schwer macht, fällt es Ihnen zunehmend schwerer, positive Seiten von ihm zu erkennen.

Wenn Sie sich mit den Auswirkungen von Konflikten auf die beteiligten Personen tiefergehend beschäftigen wollen, sei nochmals auf das Grundlagenwerk von F. Glasl *Konfliktmanagement* (1999) verwiesen

Die verzerrte Wahrnehmung sorgt für Zündstoff

Die Konfliktparteien verlieren ihre emotionale Beziehung zueinander. Unempfindlichkeit fasst Fuß. Durch diese Abkapselung der Konfliktparteien voneinander geht das Einfühlungsvermögen verloren. Unsere Wahrnehmung des Gegners verengt sich auf eine Interpretation, die von ihm nicht mehr korrigiert werden kann.

Einseitige Perspektiven verengen das Blickfeld

Im Laufe eines Konfliktes werden die Wahrnehmungen verzerrt. Wir beginnen, die Welt anders zu sehen. Unser Blick verengt sich: manches sehen wir, anderes übersehen wir. Elemente, die Bedrohung und Gefährdung ausstrahlen, nehmen wir üblicherweise sehr scharf wahr. Wir erkennen direkt die störenden, blockierenden Eigenschaften, Verhaltensweisen und Äußerungen unserer Gegner. Wir neigen gleichzeitig dazu, dieselben Dinge an uns zu übersehen oder zu bagatellisieren. Verzerrungen finden wir insbesondere bei

▶ der Zeitperspektive,
▶ der Frage nach dem Konfliktstoff und der -entwicklung,
▶ den Selbst- und Fremdbildern.

Die verzerrte Wahrnehmung setzt sich im Konfliktfall zunehmend fest und macht es allen Konfliktparteien schwer, das tatsächliche Geschehen richtig wahrzunehmen. Die jeweils subjektiv als wahr empfundenen Grundlagen aller Parteien driften zusehends auseinander.

Einengung der Zeitperspektive

Auffällig ist die Verzerrung der Zeitperspektive. Wir tun uns immer schwerer, viele und komplexe Dinge aufzunehmen, die in ihren Beziehungen zueinander kompliziert verwoben sind. Wir vereinfachen die Wirklichkeit zu überschaubaren und leicht handhabbaren Konstrukten unserer eigenen »Wahrheit«. Diese verunsichern uns weniger als die komplizierte Wirklichkeit. So zeigt sich, dass Menschen und Gruppen im Konflikt eine so genannte kognitive Kurzsichtigkeit entwickeln: ohne die mittelfristigen Folgen ihres Handelns zu bedenken,

Vereinfachung der Wirklichkeit zu »unserer Wahrheit«

konzentrieren sie sich auf das Heute und Morgen. Die langfristige Über-lebensperspektive gerät mehr und mehr ins Hintertreffen.

Einengung des Konfliktstoffes und des Konfliktgeschehens

Da wir nur unsere eigenen Konfliktpunkte reflektieren, (er)kennen wir die des Konfliktgegners gar nicht erst. Dadurch entstehen Lücken, der Konflikt wird nicht in seiner Gesamtheit wahrgenommen. Die Konflikt-ursachen und damit die Schuld liegen beim Gegner, während wir uns selbst nach und nach aus der Verantwortung stehlen. Die Geschichte des Konfliktgeschehens wird von den Parteien mit anderen Schwer-punkten, die Meilensteine oft auch in unterschiedlichen zeitlichen Reihenfolgen dargelegt.

Einengung des Selbst- und Fremdbilds

Die oftmals stärkste Verzerrung erfährt das Selbst- und Fremdbild der Konfliktparteien. Durch die zunehmend selektive Wahrnehmung ent-steht mit wachsender Konfliktdauer ein plakatives Schwarz-Weiß-Bild. Man sieht sich selbst als konstruktiv, möglichst objektiv, fair und be-zichtigt den Gegner, aggressiv und uneinsichtig zu sein. Ab einer ge-wissen Eskalationsstufe (siehe Seite 91 ff.) erfolgt die Polarisierung nach den Dimensionen moralisch und unmoralisch bzw. gut und böse.

Durch diese Verzerrungen entstehen im Konflikt Denkbilder, die der Realität kaum noch entsprechen. Und das, was wir zu sehen glauben, ist damit nicht mehr das, was wirklich geschieht, sondern das, was wir erwarten, denken, glauben. Bekämpft wird nicht mehr die Auffassung des Konfliktgegners. Bekämpft wird das Bild, das wir uns selbst von ihm gemacht haben. Der eigentliche Streitgegenstand verliert zugunsten der Lust am Streit an Bedeutung.

Im Konfliktfall agieren wir oft kurzsichtig, selbst-gerecht und eindimensional

»Leute sitzen am grünen Tisch in körperlicher Gegenwart und innerer Ab-wesenheit«

R. Cohn, Psycho-therapeutin, Interview in *Management Wissen* (1987)

Unterschiedliche Meinungen treffen zusammen

Im Konflikt erleben wir, dass unsere Ideen und Wünsche von anderen nicht bereitwillig aufgegriffen werden. Wir beobachten Unverständnis, Desinteresse, Ignoranz, Widerstand und Ablehnung und interpretieren dies als Versuch der Gegenseite, uns herabzusetzen.

Es stellt sich an dieser Stelle die Frage, ob es klüger ist, nachzugeben und sich zurückzuziehen, oder ob wir die Auseinandersetzung suchen. Unsere Position soll dann auf jeden Fall durchgesetzt werden. Die Entscheidung zur Durchsetzung birgt die Gefahr, dass wir zu der Auffassung gelangen, es gäbe nur eine richtige Lösung. Auch hier kann es zu einer zusätzlichen Verhärtung der Positionen kommen. Wenn es vor dem Konflikt aus unserer Sicht mehrere gute, gangbare Wege gab, werden es jetzt deutlich weniger sein. Eskaliert der Konflikt weiter, gibt es unter Umständen nur noch eine einzige Lösung (siehe Seite 93 ff.). Die sich nach und nach verhärtenden Ansichten der Konfliktparteien treffen nun mit zunehmender Gewalt aufeinander.

2.5 Konstruktives Verhalten im Konflikt

Um angemessen auf einen Konflikt reagieren zu können, ist es wichtig, zunächst die eigenen Emotionen zu kontrollieren und nicht in einen blinden Aktionismus zu verfallen. Da Konflikte häufig neue Situationen schaffen und Veränderungen dieser Art Unsicherheiten erzeugen, ist es nur natürlich, dass das Verlangen besteht, diese unangenehme Situation sofort beseitigen zu wollen.

Es ist jedoch besser, diesem inneren Drang zur Beseitigung des Unangenehmen nicht nachzugeben, sondern zunächst die Situation zu analysieren. Erfolgreiches Konfliktverhalten beinhaltet zwischen dem Auftreten eines Konfliktes und der Lösungssuche eine ausführliche Analysephase.

Aus den Symptomen eines Konfliktes kann auf die grundsätzlichen Lösungsmöglichkeiten geschlossen werden. Es ist daher hilfreich, die wichtigsten Konfliktarten zu kennen. Das erlaubt Ihnen, die beobachteten Symptome und Hintergründe mit bekannten Mustern zu vergleichen und daraus Handlungsmöglichkeiten abzuleiten. Der Konflikt kann beim Namen genannt werden, allein das kann schon eine Hilfestellung sein!

Komplexität und zunehmende Flexibilisierung erhöhen das Konfliktpotenzial

2.6 Warum Konflikte allgemein zunehmen

Fragt man heute Führungskräfte und Berater, ob Konflikte im Wirtschaftsleben eher zu- oder abnehmen, ist die Antwort nahezu einheitlich. Konflikte nehmen zu. Diese Empfindung ist nicht verwunderlich. Schließlich befinden wir uns in einer Phase rasanter wirtschaftlicher und gesellschaftlicher Entwicklungen. Die unterschiedlichen Sichtweisen rufen Konfliktsituationen hervor:

▶ Die Märkte werden global und verändern sich immer schneller. Unternehmen, die Schritt halten wollen, müssen sich ebenfalls verändern. Die Anpassungen führen zu internen Widersprüchen und Spannungen.

▶ Tradierte hierarchische Strukturen verlieren ihre Bedeutung. Ein Vorgesetzter hat nicht mehr automatisch Autorität, sondern muss sie im Verhältnis zu seinen Mitarbeitern täglich neu erarbeiten.

▶ Der Aufstiegskampf zwischen Mitarbeitern gewinnt an Härte. Aufgrund der immer dünneren Personaldecke mit schlanken Führungsstrukturen nimmt der Leistungsdruck spürbar zu.

▶ Teamarbeit gewinnt an Bedeutung. Unterschiedliche Perspektiven müssen in einer Gruppenentscheidung zusammengeführt werden. Sach- und Beziehungsprobleme müssen gleichermaßen gelöst werden können.

Mit der Veränderung der Wettbewerbsbedingungen und ihren Folgen hat sich u. a. Prof. Dr. Gertrud Höhler in *Wettspiele der Macht* (1998) auseinandergesetzt

Ursachen und
Folgen von
Konflikten gilt
es stets ge-
meinsam zu
betrachten

2.7 Übung

Der Sinn von Konflikten

Konflikte können aus so ziemlich jeder Situation heraus erwachsen. Nehmen Sie sich einmal Papier und Bleistift zur Hand und rufen Sie sich einen gelösten Konfliktfall aus Ihrer Vergangenheit in Erinnerung. Notieren Sie sich die wichtigsten Punkte zu den folgenden Fragen.

▶ Mit wem haben Sie sich gestritten?
▶ Wie und durch wen ist der Konflikt offen ausgebrochen?
▶ Gab es vorgeschobene Streitpunkte, über die Sie sich »offiziell« auseinander gesetzt haben?
▶ Was waren die wirklichen Streitpunkte?
▶ Welche Unterschiede traten zwischen den verschiedenen Ansichten im Wesentlichen hervor?
▶ Hat sich durch den Streit letztlich eine gewisse Einheitlichkeit im Denken, Fühlen oder Handeln der Streitparteien ergeben? Welche?
▶ Haben Sie durch den Konflikt andere Blickwinkel kennen gelernt, die das vermeintlich einfache Problem zu einem komplexen Problem gemacht haben?
▶ Welche Gemeinsamkeiten zwischen den Parteien bestanden von Anfang an? Welche haben sich erst im Laufe des Konflikts gezeigt/entwickelt?
▶ Zu welchen Veränderungen hat der Konflikt geführt?
▶ Hat der Konflikt rückblickend Bestehendes erhalten?

Durch die Beantwortung dieser Fragen erfahren Sie, was der Konflikt rückblickend gebracht hat und warum er notwendig war. Falls Sie bisher noch gezweifelt haben: Spätestens am Ende dieser Übung werden Sie für sich selbst wissen, warum Konflikte unumgänglich und sinnvoll sind!

AKTIONSPLAN

Wie reagieren Sie auf Konflikte?

*In diesem Kapitel wurde der Sinn von Konflikten und ihre Aus-
wirkungen auf die Menschen erläutert.*

1. Wie empfinden Sie Konflikte?

Die Frage, wie Sie selbst Konfliktsituationen empfinden, ist aus-
schlaggebend dafür, wie Sie mit ihnen umgehen können. Lesen
Sie bitte die folgenden Aussagen zu Konflikten.

▶ Der Arbeitsablauf wird von Konflikten ernsthaft gestört –
   Konflikte sind zu teuer, als dass man sie austragen darf!
▶ Schon der kleinste Konflikt wirkt sich belastend auf meine
   Leistungsfähigkeit aus.
▶ Wenn ich mit einer Konfliktsituation konfrontiert werde,
   fühle ich mich unsicher und sogar ängstlich.
▶ Konflikte sind unangenehm. Sie zeugen von mangelnder
   Reife und Disziplin.
▶ Konflikte bedeuten Streit und mit Streit komme ich nicht klar.

Konnten Sie beim Lesen mehr als einer Aussagen zustimmen?

   Nein

   Ja, bei den folgenden Punkten:

_____

_____

Wenn Sie »Ja« angekreuzt haben, könnte dies darauf hindeuten,
dass Sie dazu neigen, Konflikte lieber zu verhindern oder unge-
schehen zu machen. Sie betrachten Konflikte als eine unangenehme Störung, mit der Sie nicht besonders gut umgehen können.

Vorschläge zur Lösung des Problems

Seite 41 – 42;
Seite 79 ff.

▶ Wenn Sie Konflikte nicht verhindern können, müssen Sie sie zulassen. Lernen Sie, professionell mit ihnen umzugehen. Angst vor Konflikten ist fehl am Platze – sie sind Bestandteil Ihres Lebens.

Seite 36 – 41

▶ Suchen Sie das Gespräch mit Ihrem Partner und guten Freunden. Versuchen Sie herauszufinden, woraus die Unsicherheit in Konfliktsituationen resultiert. Vor was haben Sie Angst? Was kann schlimmstenfalls passieren und was bedeutet das für Ihre Person und Ihr Umfeld?

2. Was passiert mit Ihnen im Konflikt?

Sie stehen in einer Konfrontation. Sie sind verärgert, Ihr Konfliktgegner ist uneinsichtig. Seine Sturheit erlaubt es nicht, den Konflikt endlich beizulegen. Den Hergang, die Konfliktgeschichte, kennen Sie auswendig – mit allen wichtigen Verfehlungen der anderen Partei. Deren Verhalten wird weniger und weniger transparent – und das passiert Ihnen, wo Sie doch der Einzige zu sein scheinen, der die Situation überhaupt noch objektiv erfasst!

Kennen Sie diese Situation?

☐ Nein

☐ Ja , und zwar in folgendem Fall:

_____

_____

Wenn Ihnen die Situation bekannt vorkommt, ist Ihr vermeintlich objektives Empfinden vermutlich schon einseitig eingefärbt.

Vorschläge zur Lösung des Problems

▶ Blättern Sie bitte nochmals durch den Abschnitt »Was ge-schieht mit Ihnen in einem Konflikt?«

▶ Seite 43 ff.

▶ Versuchen Sie, keine Objektivität für sich in Anspruch zu neh-men, bevor Sie nicht die Perspektive der Gegenseite genau kennen.

▶ Seite 44 – 45;
Seite 189 – 190

▶ Vertrauen Sie dabei nur auf das Gespräch mit der anderen Partei oder einem von beiden Seiten anerkannten Vermittler. Dinge, die über unbeteiligte Dritte an Ihr Ohr gelangen, soll-ten Sie hier besser außen vor lassen!

▶ Seite 203 – 207

▶ Machen Sie sich bewusst, dass Ihr Misstrauen gegenüber der anderen Partei zu einer einseitigen und verengenden Sicht der Dinge führen kann. Erkennen Sie die Mechanismen, die die Emotionen aufschaukeln lassen – lesen Sie hierzu insbe-sondere mehr über die Eskalationsstufen von Konflikten im vierten Kapitel.

▶ Seite 91 – 95

3 Konfliktarten

Ziel des Kapitels:
Konflikte unter-
scheiden und
analysieren lernen

Da Konflikte aus den unterschiedlichsten Situationen heraus erwachsen können, ist es schwierig, diese bestimmten Kategorien zuzuordnen. Um dennoch eine Systematik einzuführen, teilen wir die wichtigsten Konfliktarten in Anlehnung an Gerhard Schwarz nach der Zahl der an dem Konflikt beteiligten Personen ein. Auf diese Weise können Sie frühzeitig die Konfliktarten identifizieren und den Konflikt analysieren. Als geeignete Personenzahl werden das Paar, drei Personen, Gruppen und Organisationen eingeführt. Zusätzlich unterscheiden wir zwischen heißen und kalten Konflikten. Diese Unterteilung unterstützt Sie bei der Wahl geeigneter Lösungs-strategien. Denn ein Symptom, das Sie beobachtet haben, kann auf unterschiedliche Konfliktarten hinweisen. Diese sind in ihrer Außen-wirkung häufig in gewisser Hinsicht ähnlich, bedürfen aber von-einander deutlich abweichender Lösungsansätze.

Darüber hinaus müssen auch die persönlichen, die inneren Kon-flikte berücksichtigt werden. Jede Person durchlebt diese, denn ohne persönliche Konflikte durchgemacht zu haben, wird niemand zu einer Persönlichkeit. Sie ziehen sich durch das ganze Leben und wir-ken sich auch auf die Umgebung aus. Die eigene Persönlichkeit äußert sich im sozialen Umgang beispielsweise in der Offenheit beziehungsweise dem Misstrauen, mit dem man seinen Mit-menschen begegnet oder der Einstellung in Bezug auf die herrschen-den Werte und Normen. Diese Sichtweisen können Auslöser für Spannungen innerhalb einer Gruppe sein. Deshalb sollten Sie bei der Konfliktanalyse auch die Persönlichkeit und den bevorzugten Kommunikationsstil der beteiligten Personen beachten. Eine gute

Persönlichkeit
und Kommuni-
kationsstil
beachten

Selbsteinschätzung und eine gewissenhafte Wahrnehmung von Personalführungsaufgaben können daher für das Verständnis gegenwärtiger oder zukünftiger Konflikte von großer Bedeutung sein.

3.1 Paarkonflikte

Konflikte zwischen zwei Menschen entstehen im Wesentlichen aus dem Widerspruch, auf der einen Seite die eigenen Interessen wahren zu müssen, das heißt seine eigene Persönlichkeit zu stärken, und auf der anderen Seite die Paarbeziehung über geeignete Kompromisse weiter entwickeln zu wollen.

EXPERTENTIPP

Jeder Konfliktbeteiligte muss je nach Situation und Informationslage die Entscheidung treffen, seine eigene Identität stärker oder schwächer zu betonen.

Neben diesem grundsätzlichen Identitätskonflikt können bei den Zweierbeziehungen noch weitere Konfliktarten unterschieden werden.

Progressionskonflikte

Im Arbeitsleben basieren Konflikte häufig auf unterschiedlichen Entwicklungen, die Personen in einem Unternehmen vollziehen können. Veränderungen finden zwar bei allen Beteiligten statt, jedoch in der Regel mit unterschiedlicher Geschwindigkeit beziehungsweise in eine unterschiedliche Richtung. Der eine nimmt z. B. seine Chancen konsequent wahr und entwickelt sich schnell weiter, während das bei dem anderen eben nicht der Fall ist. Sollten die sich im Laufe der Zeit ergebenden Unterschiede zwischen den Beteiligten zu groß werden, kann es zu Spannungen kommen, da beide unter Umständen in der Zwischenzeit neue

Die richtige Mischung aus Betonung der Persönlichkeit und Kompromiss ist eine gute Basis für Beziehungen

»Manche verstehen unter einem Kompromiss einen Tausch, bei dem sie einen Obstgarten für einen Apfel haben wollen«

Theo Waigel, Politiker

Unterschiedliche Entwicklungen im Beruf machen eine Neudefinierung der Beziehung oft unausweichlich

Aufgaben übernommen haben, die eine Änderung der Verhaltensweisen erfordern. Beispielhaft kann für diese Konfliktart die Karriere innerhalb eines Unternehmens betrachtet werden.

BEISPIEL

Frau Schnell und Herr Binder haben nach dem Abschluss ihrer Berufsausbildung gemeinsam eine interessante Aufgabe in der Sachbearbeitung eines Kreditinstituts übernommen. Beide verstehen sich ausgesprochen gut, neben den geschäftlichen Themen wird auch viel über persönliche Dinge gesprochen. Nach der erfolgreichen Absolvierung einer Zusatzausbildung wird Frau Schnell eines Tages zur Abteilungsleiterin ernannt. Plötzlich ist für Herrn Binder aus der guten Kollegin die Vorgesetzte geworden. Frau Schnell erscheint ihm zunehmend reservierter. Auch fragt sie ihn nicht mehr, wie früher, um Rat oder um seine Meinung. »Es ist nur noch eine Frage der Zeit, bis sie vom ›du‹ wieder aufs ›Sie‹ umschaltet!«, äußert sich Herr Binder gegenüber einem anderen Kollegen.

Die Veränderung der Situation erfordert eine Neudefinierung der Beziehung zwischen den Kollegen. Um die neuen Erfordernisse und Standpunkte ans Tageslicht zu bringen, muss der Konflikt also ausgetragen werden.

Zugehörigkeitskonflikte

Abweichende Sichtweisen durch verschiedene Herkunftsgruppen

Diese Paarkonflikte erwachsen aus mitgebrachten Unterschieden zwischen den Beteiligten. Ein Sinn dieses Konflikts könnte zum Beispiel darin liegen, ein Problem aus verschiedenen Blickwinkeln zu betrachten, die in die Lösungsfindung mit einfließen und dadurch zu einer höheren Qualität der Lösung führen. Die unterschiedlichen Standpunkte und Sichtweisen resultieren bei dieser Konfliktart daraus, dass die Partner verschiedenen Herkunftsgruppen mit unterschiedlichen Traditionen und Werten angehören.

Unterschiedliche
Sichtweisen sind
wichtig und
nützlich!

Ein häufig zu beobachtenden Beispiel für diese Situationen sind Arbeitsaufträge, die durch einen Kaufmann und einen Techniker gemeinsam zu bewältigen sind. Obwohl die Partner beide wissen, dass sie bei der Bewältigung der Aufgabe aufeinander angewiesen sind, empfinden sie die Situation oft als unangenehm. Jeder versucht seinen Standpunkt durchzusetzen, obwohl klar ist, dass auch die andere Sicht der Dinge von großer Bedeutung ist. Neben der unterschiedlichen Sichtweise wird die Zusammenarbeit noch dadurch erschwert, dass Kaufleute und Techniker oft auch auf eine andere Art und Weise an Probleme herangehen und sich bei der Kommunikation einer Fachsprache bedienen, die für ihr Gegenüber nicht immer verständlich ist.

Denken Sie in diesen Situationen daran, dass es natürlich wichtig ist, Ihre Kenntnisse und Arbeitsmethoden mit einzubringen. Dabei kann es notwendig sein, sich auch gegen den Partner durchzusetzen. Sie sollten aber trotzdem versuchen, sich in den anderen hineinzuversetzen und seinen Standpunkt nachzuvollziehen. Auch wenn seine Arbeitsmethoden nicht den Ihren entsprechen, kann es sein, dass diese für seinen Arbeitsbereich vorteilhaft sind.

Zugehörigkeitskonflikte können auch sinnvoll sein, um sich vom »alten Clan« abzulösen, zum Beispiel bei einem Arbeitgeberwechsel.

BEISPIEL

Herr Neu hat vor wenigen Wochen seinen Arbeitgeber gewechselt. Er möchte sich in das neue Team konstruktiv einbringen. Bei auftretenden Problemen kommentiert er Lösungsvorschläge immer mit den Worten: »Das haben wir in meiner alten Firma aber immer so gemacht!« Die Kollegen und auch sein neuer Chef reagieren immer ablehnender und Herr Neu fühlt sich im neuen Team zunehmend unerwünscht. »Aber ich will doch nur aus meiner Erfahrung heraus helfen«, wird er Ihnen antworten, wenn Sie ihn nach den Gründen für sein Verhalten fragen.

»Die Anbindung von Mitarbeitern an ein Unternehmen ist eines der zentralen Themen der Unternehmenskultur-Untersuchungen.«

Weiterführende Informationen finden Sie bei Edgar Schein: *Unternehmenskultur* (1995)

**Fehlende Akzep-
tanz im neuen
Unternehmen
kann zu Kon-
flikten führen**

Es ist hier von großer Bedeutung, die Ablösung vom alten Unternehmen vorzunehmen. Dabei ist es für das neue Unternehmen zwar wertvoll, wenn der Mitarbeiter andere Erkenntnisse aus dem alten Unternehmen mit einbringt. Allerdings erwarten die neuen Kollegen zu Recht, dass sich ein Neuling erst mit der bestehenden Systematik auseinander setzt. Die Konflikte erwachsen daraus, dass der Neue noch nicht voll als Kollege akzeptiert wird und sorgen so dafür, dass sich dieser mit den Gegebenheiten vor Ort auseinander setzen und deren Sinn verstehen lernen muss. Darüber hinaus muss er in den Diskussionen seinen eigenen Standpunkt reflektieren. Dabei wird er sich von seinem alten Arbeitgeber auch emotional immer weiter entfernen und nur die Dinge beibehalten, die in dem neuen Unternehmen einen Fortschritt bedeuten. Er löst sich so von seinem »alten Clan« ab und entwickelt seine Selbstständigkeit und damit seine Persönlichkeit. Gleichzeitig führt die intensive Auseinandersetzung mit der Sichtweise seiner neuen Kollegen zu einer stärkeren Integration in das neue Team. Je früher ihm die Ablösung von seinem alten Arbeitgeber gelingt, desto eher wird er von den neuen Kollegen als Persönlichkeit akzeptiert.

Kommunikationskonflikte

Kommunikationskonflikte entstehen, wenn zwei Menschen auf unterschiedlichen Ebenen miteinander sprechen. Der Sender einer Nachricht richtet diese an eine bestimmte Ebene, der Empfänger nimmt die Nachricht auf einer anderen Ebene auf.

BEISPIEL

**Fallstrick
Kommunikations-
ebene**

Frau Schulz ist neu in einer Abteilung und beobachtet, dass ihr Vorgesetzter Herr Meier von einem ihrer Kollegen geduzt wird. Sie will sich dem anpassen und versucht, mit ihrem Chef auf einer partnerschaftlichen Ebene in Kommunikation zu treten. »Wie läuft es denn so? Und was machen Sie so am Wochenende, Herr Meier? Haben Sie eigentlich Kinder?« Herr Meier nimmt dies sehr negativ auf und orientiert sich betont auf die Vorgesetzten-Mitarbeiter-Ebene.

Dies ist ein Konflikt, der durch Hierarchien eigentlich vermieden werden soll. Die Hierarchie beinhaltet feste Vorgesetzer-Mitarbeiter-Beziehungen, die durch Bildungsprivilegien, ein Informationsmonopol oder Ähnliches erzeugt werden. Wenn sich diese Strukturen verändern, können daraus Konflikte entstehen. Beispielhaft ist hier die Einführung der Teamarbeit zu nennen. Die alten Kommunikationsebenen müssen nun in kurzer Zeit verändert werden. Es wird nicht jedem gleich gelingen, sich auf diese neue Situation einzustellen. Denkbar ist zum Beispiel, dass der bisherige Vorgesetzte auch weiterhin Wert auf Distanz legt. Andererseits könnte es sein, dass sich einige Teammitglieder weiterhin lieber in der Mitarbeiterrolle sehen möchten, da diese mit weniger Verantwortung verbunden ist. Diesen Mitarbeitern wird es schwer fallen, sich in kurzer Zeit auf die partnerschaftliche Ebene zu begeben.

Die Beachtung der angemessenen Kommunikationsebene hilft Konflikte zu vermeiden

Rollenkonflikte

Wir alle nehmen in unserem Leben verschiedene Rollen ein. Dies ist natürlich auch am Arbeitsplatz der Fall. Dem kann man sich nicht entziehen. Das Umfeld tritt immer mit einer bestimmten Rollenerwartung an Sie heran. Diese Erwartungen gründen sich beispielsweise auf Geschlecht, Alter, Talente oder Qualifikationen. Solche Erwartungen können dann entsprechend erfüllt oder abgelehnt werden. Aus der Welt schaffen kann man sie aber nicht.

Daraus ergibt sich ein vielfältiges Konfliktpotenzial. Allein aus diesen Erwartungshaltungen können Spannungsfelder resultieren, da man z. B.

▶ durch die zugewiesene Rolle über- oder unterfordert wird,
▶ mit den Zielen der eigenen Rolle nicht übereinstimmt,
▶ mit der Rolle nicht einverstanden ist,
▶ die Erwartungen gar nicht kennt.

Darüber hinaus können in Paarbeziehungen die gegenseitigen Rollenerwartungen nicht übereinstimmen, die bisherige Rollenaufteilung einseitig geändert werden oder gar ein Rollentausch notwendig sein. Dass diese Situationen oft unerwartete Handlungen erzeugen, zeigt das folgende Beispiel.

Weiterführende Darstellungen zu Rollenkonflikten finden Sie bei Bernd M. Wittschier: *Konflixt und zugenäht* (1998)

Beachten Sie die Rolle und die Erwartungen des anderen

BEISPIEL

Als junger Angestellter hatte er schon das Steuer des Unternehmens übernommen. Voller Optimismus wollte der Geschäftsführer Franke die zeitraubenden Lohnverhandlungen mit den Gewerkschaften abkürzen. Er war bereit, den Arbeitnehmern so viel Lohn zuzugestehen, wie sich das Unternehmen gerade leisten konnte. Er analysierte die Gehaltsstrukturen und ermittelte eine geeignete Lohnerhöhung. Er ging in die Verhandlungen und begrüßte den Gewerkschaftsvertreter Herrn Germer mit einem strahlenden Lächeln, weil er sich selbst über seine Wohltat sehr freute. Er bat ums Wort, erläuterte seine Vorgehensweise und legte sein Lohnangebot vor. Während seines Vortrages schien ihm der Gewerkschaftsvertreter etwas unfreundlich zu schauen, aber er wunderte sich nicht darüber und wartete auf den Dank seines Gegenübers.

Er hatte mehr angeboten als sich der Gewerkschafter getraut hatte zu fordern, aber das war diesem schon nicht mehr wichtig. Nachdem Herr Franke seinen Vortrag beendet hatte, wurde er von Herrn Germer barsch darauf hingewiesen, dass diese Art der Torpedierung der Verhandlung bei ihm nicht ziehen würde. Auf solche Tricks würde er nicht hereinfallen und forderte noch 3 % mehr Lohn als Herr Franke geboten hatte.

Was war passiert? Der Geschäftsführer hatte einseitig eine andere Rolle eingenommen und dabei die des Gewerkschaftlers fast überflüssig gemacht. Dieser konnte kaum anders reagieren, als eine solche Veränderung von sich zu weisen und seinerseits mit einer Kampfansage in den Konflikt einzusteigen. Rollenkonflikte bewegen sich dabei nicht auf einer Sachebene, sondern sind hier eng mit der emotionalen Ebene verknüpft. Der Gewerkschaftsvertreter fühlt sich in dieser Situation massiv und unvorbereitet in seiner Position bedroht und hat entsprechend emotional reagiert.

Enge Verknüpfung mit der emotionalen Ebene

EXPERTENTIPP

Wenn Sie Ihre Rolle verändern wollen, prüfen Sie die Auswirkungen auf Ihr Umfeld. Rollen bieten Inseln von Stabilität und
Sicherheit – sie dienen vielen als Zufluchtsort!

Konkurrenzkonflikte

In unserer arbeitsteiligen Gesellschaft sind Konkurrenzkonflikte notwendig, um herauszufinden, welche Stärken und Schwächen die
einzelnen Mitarbeiter haben. Eine Konkurrenzsituation liegt vor,
wenn von zwei Menschen derjenige ermittelt werden soll, der in einer
bestimmten Entscheidungssituation geeigneter ist.

BEISPIEL

Zwei Kundenberater einer Bank, Herr Groß und Frau Lang, konkurrie-
ren um Abschlüsse im Vorsorge- und Bausspargeschäft. Beide spekul-
ieren darauf, dass sie, wenn sie in einer Sparte besser sind als der
andere, die Möglichkeit erhalten werden, ihr Wissen in dem jeweiligen Fachgebiet zu vertiefen und neue Kompetenzen zu erhalten. Der
zunächst gesunde Wettbewerb gewinnt zunehmend an Härte. Der
Filialleiter hat schon mehrmals erfahren müssen, dass beide Kollegen
sich bei den Kunden gegenseitig anschwärzen. »Das hat Herr Groß
Ihnen empfohlen? Der hat wohl etwas gegen Sie!«, soll Frau Lang zu
einer Kundin gesagt haben. Herr Lang, so wird von anderer Seite
berichtet, habe Abschlüsse von Frau Lang storniert und selbst neue
Verträge aufgesetzt. Der Konflikt geht zulasten der Kunden und damit zulasten der Bank. Der Vorgesetzte überlegt, wie er den Konflikt
langfristig lösen kann und entschließt sich, beide Mitarbeiter getrennt voneinander zu fragen, welchen Bereich – Vorsorge oder
Bausparen – sie bevorzugen. Frau Lang interessiert sich insbesondere
für Bausparen, während Herr Groß den Vorsorgebereich präferiert.
Entsprechend werden die Aufgabengebiete verteilt. Durch die sachliche Trennung gelingt es dem Vorgesetzten, den Konflikt zu lösen.

»Der kürzeste Weg
zum Ruhm ist –
gut zu werden«

Heraklit,
griech. Philosoph

Nicht nur die
Einzelbeziehung,
auch der Kontext
ist wichtig!

3.2 Dreieckskonflikte

Die Dreieckskonflikte lehnen sich eng an die Paarkonflikte an. Allerdings ist es nicht nur einfach eine Ergänzung der Paarkonflikte um eine dritte Person; die Beziehungen zwischen drei Personen bergen erheblich mehr Konfliktpotenzial. Dies liegt daran, dass nun nicht nur eine Beziehung besteht, die Veränderungen unterliegen kann, sondern drei Beziehungen.

Abb.: Dreiecks-
konflikte (nach
G. Schwarz)

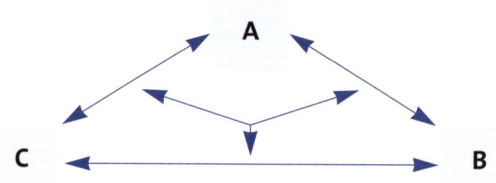

Theoretisch könnten die drei Paarbeziehungen für sich genommen sehr positiv sein, aber die hinzukommene Verbindung in einer Dreiecksbeziehung kann dazu führen, dass sich die Qualität der einzelnen Beziehungen zueinander sehr verschlechtert und Konflikte entstehen.

Koalitionskonflikte

Das Besondere in Streitsituationen mit drei Personen ist, dass bei einer Auseinandersetzung zwischen zwei Personen die Möglichkeit besteht, die dritte Person als objektiveren Part in den Konflikt mit einzubeziehen. Jeder der beiden Beteiligten versucht, den Dritten für sich zu gewinnen, damit dieser den eigenen Argumentationen folgt und so als unterstützendes Element für den eigenen »Sieg« sorgt. Das heißt aber auch, dass sich dann in der Regel die Situation zwei gegen einen ergibt, die mit der Kränkung des Alleinstehenden und der Stärkung des Paares verbunden ist. Besonders konfliktreich ist die Situation dann, wenn in einer Dreiecksbeziehung zwei sehr schlecht miteinander auskommen. Wenn also beispielsweise zwei Mitarbeiter darum bemüht sind, ein

2 : 1 Konstella-
tionen sind sehr
konfliktreich

besseres Verhältnis zum Vorgesetzten aufzubauen als der Rivale und vielleicht sogar versuchen, diesen bei ihrem Chef schlecht zu machen. Dies ist gar nicht so leicht zu erkennen, da die Opponenten dabei häufig sehr subtil vorgehen und versuchen, auf sachlicher Ebene zu wetteifern. Bei der Analyse eines solchen Konfliktes wird man jedoch feststellen, dass eben nicht diese Sachfragen im Vordergrund stehen, sondern dass es um die Nähe zum Vorgesetzten geht, von der man sich positive Rückwirkungen auf die eigene Karriere erwartet. Ein solches Buhlen auf der persönlichen Ebene darf nicht mit der Konkurrenzsituation bei den Paarkonflikten verwechselt werden, bei der es sich um eine Auseinandersetzung auf sachlicher Eben handelt. Ein Koalitionskonflikt bedarf einer anderen Konfliktlösung.

Das Buhlen um die Gunst einer dritten Person kann nicht einfach auf der sachlichen Ebene beendet werden

BEISPIEL

Zwei Schaltermitarbeiter in einer kleinen Bankfiliale machen sich Hoffnung auf den Posten eines Anlageberaters für wohlhabende Privatkunden, der demnächst in Pension gehen wird. Sein Platz wird in ein oder zwei Jahren neu zu besetzen sein. Die beiden Schaltermitarbeiter streiten sich, sehr augenfällig immer im Beisein des Chefs, über Fragen zur Vermögensanlage. »Ich gehe davon aus, dass die Vermögenssteuer nun doch wieder eingeführt wird.« »Aber Kollege, selbst die internationalen Finanzanalysten glauben nicht daran. Ich habe das gerade am Wochenende in der Financial Times gelesen!«

Dieser Konflikt kann nicht dadurch behoben werden, dass eine Abgrenzung der sachlichen Zuständigkeit der beiden Mitarbeiter erfolgt. Der Vorgesetzte sollte stattdessen äußern, dass er das Buhlen um seine Aufmerksamkeit als störend empfindet und seine Entscheidung auf der Grundlage anderer Faktoren fällen wird.

Zu den Ausprägungen von Dreieckskonflikten sowie dem Umgang mit diesen finden Sie ergänzende Angaben bei Gerhard Schwarz: *Konfliktmanagement* (1999)

Teile-und-herrsche-Konflikte

Ein häufiges Konfliktlösungsmittel und gleichzeitig Herd für neue Konflikte ist das Stören der direkten Kommunikation zwischen den Mitarbeitern durch den Vorgesetzten. Dies kann z. B. dadurch erfolgen, dass ein Vorgesetzter Informationen nur in Einzelgesprächen äußert und aufnimmt. Dadurch entsteht Misstrauen zwischen den Mitarbeitern, die nicht wissen, welchen Kenntnisstand die anderen haben. Die Kommunikation verläuft lediglich über den Vorgesetzten.

Diese Vorgehensweise könnte dann nützlich sein, wenn zwischen zwei Personen bereits große Spannungen bestehen. Dann könnte die Kommunikation über einen Dritten zu einem Meinungsaustausch auf sachlicher Ebene führen, ohne dass negative Emotionen sofort eine Kommunikation unmöglich machen. »Lieber eine indirekte Kommunikation als gar keine«, könnte hier der Grundgedanke sein. Diese Art der Kommunikation ist jedoch sehr gefährlich, da »Übermittlungsfehler« oder unterschiedliche Interpretationen fast immer zu Missverständnissen führen und somit den Konflikt verstärken können. Sie bedeutet für den Vorgesetzten zwar einen erheblichen Machtzuwachs, sorgt aber gleichzeitig dafür, dass die direkte Kommunikation zwischen den Mitarbeitern fast zwangsläufig einfriert.

3.3 Gruppenkonflikte

Gruppenkonflikte finden Sie in sozialen Einheiten, die mehr als drei Personen umfassen. Innerhalb von Gruppen besteht immer eine Tendenz, die Mitglieder emotional gleichzuschalten. Jeder muss im Team verschiedene Aufgaben übernehmen, deshalb sind Genies selten Teil einer Gruppe: Diese bremst den Schnellen und motiviert den Langsamen und bringt so alle auf ein ähnliches Level. Dabei leistet eine gut funktionierende Gruppe mehr als die Summe der eingehenden Einzelleistungen es erwarten lässt.

Um der Gruppe Stabilität und Sicherheit zu geben, stehen die Themen Zugehörigkeit, Gemeinsamkeiten innerhalb der Gruppe sowie

Loyalität im Vordergrund. Diese Aspekte entwickeln sich im Laufe der Zeit und werden durch Rituale sowie Belohnungs- und Strafsysteme verankert. Sie dienen vor allem der emotionalen Einigung und Bestätigung der Zugehörigkeit. Werden sie infrage gestellt, bedeutet das für die Gruppe einen Konflikt.

Eine Gruppe funktioniert nur, solange ihre Grundprinzipien nicht infrage gestellt werden

Untergruppenkonflikte

Kleine soziale Einheiten innerhalb einer Gruppe sind häufig Konfliktursachen. Man vermutet konspirative Gespräche, die nur den Untergruppen nutzen und somit die anderen Gruppenmitglieder von etwas ausschließen. Dies gefährdet die Gruppe und wird somit als Bedrohung erlebt. Die Gruppe versucht demzufolge, die Untergruppen nach Möglichkeit zu zerstören.

▶ Untergruppen haben das Potenzial, Gruppen zu spalten und damit aufzulösen.
▶ Gruppen sind bestrebt, Untergruppen zu unterdrücken.

BEISPIEL

Es ist der erste Tag für eine Gruppe von Auszubildenden bei einer großen deutschen Bank. Die Einführungsveranstaltung wird von der Ausbildungsleiterin Frau Heinrich geleitet. Unter den neuen Auszubildenden befinden sich auch die Herren Anton und Fuchs, die sich schon aus der Schulzeit kennen und nun per Zufall beide in dem gleichen Unternehmen eine Ausbildung absolvieren werden. Sie verstehen sich sehr gut mit Frau Heinrich und so kommt es, dass sie sich in den Pausen ausgiebig mit ihr unterhalten, um mehr über das Unternehmen zu erfahren. Dabei eröffnen sie Frau Heinrich, dass sie ein gutes Team seien und das dies in der Ausbildung hilfreich sein könne.

Frau Heinrich nimmt dies zur Kenntnis und antwortet: »Herr Anton und Herr Fuchs – gut, dass Sie mich über diesen Sachverhalt aufgeklärt haben. Sie können sicher sein, dass ich Ihren Ausbildungsplan so koordinieren werde, dass Sie in keinem Fall jemals gleichzeitig

»Das Wesen der Dinge hat die Angewohnheit, sich zu verbergen«

Heraklit, griech. Philosoph

Untergruppen
erzeugen Span-
nungen oder
auch effektiven
Nutzen – beides
ist möglich

in einer Abteilung oder Filiale sein werden. Das ist besser für Sie und unser Unternehmen.« Leicht verunsichert über den ernsten Ton mit dem Frau Heinrich geantwortet hat, beenden die Herren Anton und Fuchs das Gespräch.

Worin liegt nun das Gefährdungspotenzial der Untergruppe? Die anderen Gruppenmitglieder fürchten sich vor Sonderinformationen und Absprachen, die den Untergruppenmitgliedern einen Vorteil verschaffen könnten. Diese Ängste erzeugen Spannungen, die Auslöser für Konflikte sind. Werden die Ursachen für diese Konflikte nicht beseitigt, schwindet das Zusammengehörigkeitsgefühl in der Gruppe. Die Gruppe zerbricht. Dies bedeutet nicht, dass es in Gruppen notwendig ist, alle Untergruppen zu eliminieren. Diese formen sich zum Beispiel aus Sympathie der Beteiligten zueinander und arbeiten dann häufig sehr effektiv miteinander. Sie bilden eine »Task Force« der Gruppe, die in schwierigen Situationen große Leistungen vollbringen kann, die letztlich der Gesamtheit zugute kommen.

EXPERTENTIPP

Es ist wichtig, das Konfliktpotenzial zu erkennen und eine Balance der beiden Spannungsfelder Untergruppe und Gruppe herzustellen.

Herrschaftskonflikte

Wird die
Gruppeniden-
tität gefährdet,
treten leicht
Konflikte auf

Für Gruppen ist es von großer Bedeutung, ihr Zusammengehörigkeitsgefühl zu wahren, eine Gruppenidentität zu besitzen. Ein wichtiges Kriterium, das die Gruppenidentität stärkt, ist der Einfluss- und Kompetenzbereich der Gruppe. Wird dieser auch nur scheinbar bedroht, entstehen sehr emotionale Konflikte, die sachlichen Argumentationen nicht zugänglich sind.

Der Verlust von
Macht- und
Statussymbolen
fordert schnell
Widerstand
heraus

BEISPIEL

Ein Manager in der oberen Führungsebene eines Kreditinstituts soll im Zuge von Umbaumaßnahmen für sechs Monate in ein Büro ausweichen, das nur so groß ist wie die Räume seiner Mitarbeiter und nicht die Ausstattungsmerkmale der Büros der anderen Führungskräfte auf einer vergleichbaren Ebene aufweist. Unglaublich aber wahr: Insbesondere die Tatsache, dass die Gardinen nicht bis auf den Fußboden reichen, nimmt der Manager zum Anlass, dieses Büro nicht zu beziehen. Er weigert sich standhaft, dort zu arbeiten, obwohl er rein von der technischen Ausrüstung her seine Arbeiten dort ebenso erledigen könnte.

In diesem Fall sieht sich die Führungskraft in ihrer Zugehörigkeit zur Führungsmannschaft bedroht. Dies weckt enorme Ängste, an Einfluss oder Kompetenzen zu verlieren und beinhaltet damit eine Stresssituation, die zu starken Widerständen führt. Eine Aufwertung durch andere Statussymbole oder eine unaufgeforderte Stellungnahme seines Vorgesetzten könnte die Situation entschärfen.

Rangkonflikte

In jeder Gruppe gibt es Rangkonflikte. In beinahe jeder Diskussionsrunde wird man beobachten können, dass viele Anmerkungen nicht aus einem sachlichen Zwang heraus geäußert werden, sondern weil es darum geht, die eigene Rangposition zu bestärken. Häufig fühlt man sich schon aufgrund seines Ranges innerhalb einer Gruppe dazu verpflichtet, sich in bestimmten Situationen zu äußern, obwohl man zu dem betreffenden Sachinhalt eigentlich nichts zu ergänzen hat.
   Die Festlegung einer Rangordnung bringt Ordnung in eine Gruppe und dies ist in vielen Teilen der Unternehmungen von großer Bedeutung. Deutlich wird dies insbesondere dann, wenn die alte Rangordnung in Gefahr gerät. Dies ist z. B. dann der Fall, wenn ein Neuer Teil einer Gruppe werden soll. Dies schafft zunächst Verunsicherung,

»Die volle Wahrheit kann ein tapferes Herz ertragen; doch nicht die Zweifel die im Finsteren an ihm nagen«

Jean-B. Poquelin
(Molière)

**Ein Neuer
verursacht oft
Konflikte, die die
interne Rang-
ordnung und die
Beziehungen der
Gruppenmitglieder
untereinander
betreffen**

da häufig niemand sicher weiß, welchen Platz dieser in der Gruppe einnehmen wird. Somit entbrennen Auseinandersetzungen, die dazu dienen, eine neue Rangordnung zu schaffen und damit wieder Stabilität in die Gruppe zu bringen. Bevor der Kampf um die Ränge jedoch entschieden werden kann, muss es dem Neuen erst gelingen, als Teil der Gruppe akzeptiert zu werden.

Zugehörigkeitskonflikte

Die Gruppe erlangt ihre Stärke aus dem Gemeinschaftsgefühl. Dieses entsteht unter anderem daraus, dass sich zwischen den Gruppenmitgliedern Gemeinsamkeiten, ähnliche Sichtweisen und Beziehungen entwickeln, die die Gruppe definieren und sie von ihrem Umfeld abgrenzen. Stößt ein neues Mitglied zu dieser Gruppe, so müssen zu diesem nicht nur neue Beziehungen geknüpft werden. Der Neue kann das Althergebrachte infrage stellen, sodass die bisherigen Gruppenmitglieder sich auch mit den folgenden Fragestellungen konfrontiert sehen:

▶ Wie wirkt sich die Integration auf die alten Beziehungen aus?
▶ Welche Sichtweisen bringt der Neue mit?
▶ Wie wird er auf die bestehenden Regelungen innerhalb der Gruppe reagieren?

Dies erzeugt zum Teil Widerstände, da Veränderungen bei vielen mit Ängsten verbunden sind.

Wird die Integration nicht bewusst gesteuert, so erzeugt das neue Mitglied zunächst die oben beschriebenen Ängste und wird entsprechend misstrauisch behandelt. Die Konflikte vollziehen sich dabei unter einem sachlichen Deckmantel zumeist auf der emotionalen Ebene. Wenn sich der Neue engagiert an die Arbeit macht, könnte dies als Versuch gewertet werden, eine möglichst hohe Rangposition einzunehmen. Sachgerechte Verbesserungsvorschläge könnten als Profilierungsversuch abgetan werden.

Verstimmungen
auf der einen
Ebene können zu
Streitigkeiten auf
einer anderen
Ebene führen –
der Konflikt wird
verlagert

EXPERTENTIPP

Der Neue ist Außenseiter und erzeugt allein dadurch Widerstände. Hier ist es bereits zu Beginn notwendig, offen über mögliche Probleme zu diskutieren und aktiv den Einstieg des neuen Mitarbeiters zu gestalten. Dadurch können Belastungen für das Team und den neuen Mitarbeiter vermieden werden.

Substitutionskonflikte

BEISPIEL

Herr Grundner ist neuer Mitarbeiter in der öffentlichen Verwaltung. Er hat Glück, dass er bei seinem Einstand sehr positiv von den Kollegen aufgenommen wird und von vielen Seiten Unterstützung erhält. Vor allem bei der Einrichtung seines PCs sind ihm die technisch sehr versierten Kollegen Herr Schmidt und Herr Höfler behilflich. Als Herr Schmidt ihm mal wieder hilft, ein paar Programme zu installieren, haben die beiden Gelegenheit, in belanglosen Gesprächen eine persönliche Atmosphäre aufzubauen und die bislang guten Beziehungen weiter zu festigen. Nach seiner Geburtstagsfeier einige Wochen später hat Herr Grundner noch eine Flasche Champagner über, die er Herrn Schmidt mit dem Hinweis schenkt, dass er sich für die besondere Unterstützung bedanken möchte.

Auf einer Sitzung einige Wochen danach, macht Herr Grundner den Vorschlag, eine neue Software anzuschaffen, von der er gehört hat, dass sie viele Abläufe, mit der sich seine Abteilung zurzeit beschäftigt, stark vereinfachen würde. Daraufhin meldet sich Herr Höfler zu Wort und bürstet Herrn Grundner vor allen Kollegen und dem Abteilungsleiter mit dem Hinweis ab, dass er sich ein solches Urteil mit seinem beschränkten technischen Verständnis nicht erlauben könne. Er solle sich mit Fragen der Kompatibilität beschäftigen, bevor er seine Kollegen mit solchen wilden Spekulationen von wichtigeren Dingen abhalte.

Wenn Sie von der Schärfe einer Sachdiskussion überrascht sind, denken Sie doch mal darüber nach, ob es noch andere hintergründige Ursachen gibt

**Konflikte sind
Signale – stellen
Sie die wahren
Wurzeln fest**

Wie ist eine solche Reaktion zu erklären? Herr Höfler hatte davon erfahren, dass sich Herr Grundner mit einem Geschenk bei Herrn Schmidt bedankt hat. Da auch er einen Teil seiner Zeit investiert hat, um Herrn Grundner zu unterstützen, fühlt er sich zurückgesetzt und ist gekränkt. Da er diese Emotionen nicht direkt äußern möchte, hat er den Konflikt auf einer anderen Ebene ausgetragen. Dies ist typisch für Substitutionskonflikte.

Zwar kann der Konflikt so nicht gelöst werden, aber es ist immerhin ein erster Schritt, um überhaupt die Existenz des Konfliktes anzudeuten. Bei solchen Konflikten scheuen sich die Beteiligten, diese beim Namen zu nennen. Das kann zum Beispiel damit zusammenhängen, dass bestimmte Verhaltensweisen, wie das Ansprechen von Emotionen, verpönt sind. Diese werden dann lieber »versachlicht«. Man versucht, den Gegnern auf dieser Ebene zu widersprechen und/oder ihnen zu schaden, um eventuelle Kränkungen der eigenen Persönlichkeit wieder wettzumachen.

EXPERTENTIPP

Diese Verhaltensweisen sind gefährlich, da sie in Bezug auf die Leistung der Gruppe kontraproduktiv sind und der Konflikt nicht beseitigt werden kann, bis er identifiziert wird. Daher ist es für Sie besonders wichtig, zunächst festzustellen, was die Wurzel des Konflikts ist. Sehr oft werden Substitutionskonflikte vorgeschoben und es bedarf einer genauen Konfliktanalyse, um den bestimmenden Einflussfaktoren auf die Spur zu kommen.

**Substitutions-
konflikte als
Ventil für die
Emotionen**

3.4 Organisationskonflikte

Organisationskonflikte entstehen durch Konfrontationen zwischen den Teilgruppen, aus denen sich die Organisation zusammensetzt. Es scheint, als ob Gruppen nicht freiwillig auf Dauer kooperieren, sondern zueinander im Wettbewerb stehen. Wir Menschen suchen als Sinngeber unserer Existenz die stabile, langfristige Gruppe, nicht jedoch die Organisation. Soll eine Organisation dennoch auf Dauer bestehen, kann dies nur durch Zwang und Kontrolle einer übergeordneten Stelle geschehen. Die an den Schnittstellen entstehenden Spannungen, die zu Organisationskonflikten führen, kennen Sie sicher nur zu gut; insbesondere den Abteilungsegoismus und den Konzentrationskonflikt.

Abteilungsegoismen

Abteilungsegoismen bezeichen Konflikte, die zwischen Abteilungen oder Unternehmensbereichen auftreten, die unterschiedliche Interessen verfolgen (müssen). Jeder Bereich versucht, für sich optimale Ergebnisse zu erzielen. Dieses Bestreben führt jedoch nicht automatisch zu einem Gesamtoptimum für das Unternehmen. Die Austragung des Konfliktes ist notwendig. Denken Sie an das Problem zwischen der Forschungs- und Entwicklungsabteilung mit dem Marketing im 2. Kapitel! Die Egoismen müssen überwunden werden. Die Koordination obliegt der im hierarchischen System übergeordneten Stelle.

BEISPIEL

Die Abteilung Vertrieb hat den Absatzplan für das kommende Jahr fertig gestellt. Er sieht vor, durch Preisreduzierungen in allen drei Produktsegmenten ein stückzahlbezogenes Wachstum von 25 % zu erreichen. Die Befragung ausgewählter Händler hat ergeben, dass diese eine Preissenkung gut heißen würden. Die Wachstumsprognose halten sie für berechtigt. Als der Bereich Marketingstrategie von den Plänen des Vertriebs erfährt, interveniert der Abteilungsleiter sofort. Eine von seiner Abteilung in Auftrag gegebene Studie habe ergeben, dass das

Vertiefende Ausführungen zu Organisationskonflikten finden Sie bei Erika Regnet: *Konflikte in Organisationen* (1992)

Image des Unternehmens nur zu verbessern sei, wenn die Produkte künftig eine höhere Qualität suggerierten. Und Teil des Maßnahmenpakets zur Imageverbesserung sei die Überlegung, alle Preise um rund 10 % zu erhöhen. Die Vertriebsabteilung wirft den Marketingstrategen vor, in Luftschlössern zu leben. Es gehe hier um harte Absatzzahlen und nicht um den Inhalt irgendwelcher Hochglanzstudien. Die Preissenkung werde vorgenommen. Die Abteilung für Marketingstrategie wendet sich an den für Marketing und Vertrieb zuständigen Vorstand, um die Frage auf oberster Ebene klären zu lassen.

Konzentrationskonflikte

Konzentrationskonflikte bezeichnen Konfrontationen zwischen der Zentrale und ihren Außenstellen. Eine Konzernzentrale sieht ihre Aufgabe darin, die einzelnen Unternehmensteile zu steuern. Aufgrund der Komplexität erscheint es sinnvoll, dies von einem zentralen Ort aus vorzunehmen. Dabei erfolgt eine Koordination im Hinblick auf das Gesamtunternehmen. Dabei sorgt nicht jede zentrale Entscheidung für Begeisterung in den Außenstellen. Der unmittelbare Einfluss der Zentrale wird hier in aller Regel als störend empfunden. Die Machtverteilung zwischen Headquarter und den Tochtergesellschaften und Filialen ist der Kernpunkt im Konzentrationskonflikt. Dieser muss geführt werden, um die Kompetenzen immer wieder an die Marktgegebenheiten anzupassen.

BEISPIEL

Eine Großbank hat sich aufgrund der hohen Kreditausfallraten dazu entschlossen, die Kreditkompetenzen ihrer Filialleiter zu halbieren. Hohe Darlehen sollen nur noch gemeinsam vom Leiter mit der jeweils vorgesetzten Kreditabteilung genehmigt werden können. Die Konzernzentrale erlässt eine entsprechende Neuordnung des Leitfadens zur Kreditvergabe. In den Filialen reagiert man fassungslos auf die Entscheidung. Die hohen Ausfälle lägen an der schlechten konjunkturellen Lage und nicht an mangelndem Verantwortungsbewusstsein.

»Man merkt, dass unser Wasserkopf schon lange nicht mehr an der Kundenfront war!«, heißt es unter den Kollegen. Der neue Kreditprozess würde sicher zu längeren Entscheidungszeiten führen und auf diese Weise Kunden in die Arme der Wettbewerber treiben. Die Zentrale wird aufgefordert, die Änderung rückgängig zu machen. Da dies nicht geschieht, müssen sich die Außenstellen dem Druck beugen. Als sechs Monate später die Marktanteile der Bank weit gefallen sind und die Ausfallquote noch immer konstant ist, erfolgt ein erneuter Vorstoß der Außenstellen. Diesmal ist die Argumentation erfolgreich, die Filialleiter erhalten ihre alten Kompetenzen zurück und können wieder flexibel Neugeschäfte akquirieren.

3.5 Konflikttypen: heiße und kalte Konflikte

In Anlehnung an *Glasl* unterscheiden wir unabhängig von der Anzahl der am Konflikt beteiligten Personen heiße und kalte Konflikte. Diese Differenzierung orientiert sich nicht an dem Verhalten einzelner Personen, sondern an der Art und Weise, wie der Konflikt insgesamt ausgetragen wird. Wir sprechen in diesem Zusammenhang von Konflikttypen. Heiße Konflikte sind durch explosive Auseinandersetzungen mit deutlich sichtbaren Aktivitäten gekennzeichnet. Die Beteiligten sind derart von ihrer Sache und der Reinheit ihrer Motive überzeugt, dass sie bei den Auseinandersetzungen mit der Gegenseite versuchen, diese von ihren Idealen zu überzeugen. Es geht nicht darum, die andere Seite zu blockieren, sondern darum, die eigenen Ideale zu realisieren. Dies steigert sich soweit, dass die eigenen Motive nicht mehr hinterfragt werden und eine Motiv-Analyse durch Dritte ebenfalls abgelehnt wird. Man ist daran interessiert, mit der anderen Partei in eine Diskussion einzutreten. Dabei soll diese mit der eigenen Auffassung konfrontiert werden. Es besteht die Tendenz, einzelne Personen als Führungspersönlichkeiten herauszubilden, die dann als Sprachrohr für die eigenen Ideen dienen.

Heiße Konflikte werden offensiv und deutlich sichtbar ausgetragen

Die Differenzierung in heiße und kalte Konflikte dient der Charakterisierung des dominierenden Verhaltensstils bei Interaktionen zwischen den Konfliktparteien

Kalte Konflikte
sind durch man-
gelnde Bindungen
und destruktives
Vorgehen gekenn-
zeichnet

Kalte Konflikte werden von Konfliktparteien ausgetragen, die von Frustration und Desillusionierung gekennzeichnet sind. Die Ideale wurden über Bord geworfen, weil deren Erreichung als illusorisch angesehen wird. Zwischen den Mitgliedern der Gruppierungen bestehen kaum noch verbindende Ideen. Das Selbstwertgefühl der Beteiligten schwindet. Das negative Selbstbild wird nur dadurch erhellt, dass die Kontrahenten noch viel negativer eingestuft werden. Durch die fehlenden Integrationsfiguren fühlt sich der Einzelne einer unpersönlichen Übermacht ausgesetzt, die durch das eigene Handeln nicht beeinflusst werden kann. Dies führt dazu, dass der Gegner nicht in direkten Konfrontationen angegangen wird. Vielmehr versucht man, indirekt über Systemzwänge Störaktionen auszuführen. Diese haben nicht zum Ziel, eigene Vorstellungen durchzusetzen, sondern die andere Seite zu blockieren. Da direkte Angriffe vermieden werden, sind kalte Konflikte nicht gerade von Aktionismus geprägt. Zwar kommt es unablässig zu destruktivem Verhalten, dieses wirkt jedoch nicht so offensichtlich. Es kommt sogar fast zu einem Erliegen der direkten Kommunikation. Die Auseinandersetzungen werden meist auf schriftlichem Wege ausgetragen. Ziel ist dabei eine nachhaltige Schädigung der anderen. Diese wird häufig so subtil eingefädelt, dass man der Gegenpartei nicht den Triumph gönnen muss, bei einem etwaigen Störmanöver erwischt zu werden.

Während sich die Konfliktparteien hinsichtlich ihrer Motive keinen Illusionen hingeben, sind sie sich den Auswirkungen ihrer Handlungsweisen kaum bewusst. Auch hier stößt ein Feedback durch Dritte auf Ablehnung.

BEISPIEL

Direkte Kommu-
nikation kommt
bei kalten
Konflikten zum
Erliegen

An einer Hochschule wird ein neuer geisteswissenschaftlicher Fachbereich aufgebaut. Das Rechenzentrum ist dabei unterstützend tätig. Beim Erwerb und der Installation der neuen Hard- und Software leistet es schnelle, unbürokratische Hilfe. Im neuen Fachbereich nimmt man die Unterstützung zunächst dankbar, mit zunehmender Zeit jedoch auch immer selbstverständlicher an. Diese Entwicklung führt schließlich soweit, dass Mitarbeiter des Fachbereichs dem Rechenzentrum Aufträge erteilen, ohne zu fragen, ob dies wirklich zu dessen Aufgaben gehört. Die Mitarbeiter im Rechenzentrum sehen sich in ihrer Hilfsbereitschaft missverstanden und reagieren verärgert auf den mittlerweile zum Teil rüden Befehlston aus dem Fachbereich.

Ein heißer Konflikt kann heftig werden, verspricht aber eher konstruktive Lösungen

ALTERNATIVE 1

Heißer Konflikt

Herr Richartz, der Leiter des Rechenzentrums, nimmt die Verärgerung seiner Mitarbeiter auf. Deren originäre Aufgabe ist schließlich die Bereitschaftssicherung der Großrechner und der Datenleitungen – und die enden an der Wand der Fachbereichbüros. Hard- und Software-Beratung sowie Bestellung sind zusätzliche Leistungen des Zentrums, um die sich die einzelnen Fachbereiche eigentlich selbst kümmern müssten. Man erarbeitet eine Liste, die ausschließlich die Punkte beinhaltet, die durch das Rechenzentrum geleistet werden müssen und legt diese dem Dekan des Fachbereichs, Prof. Fuhrberg vor. Herr Richartz schlägt Herrn Fuhrberg vor, die Aufstellung im Sinne einer Aufgabenvereinbarung zu unterschreiben, um künftig die Kompetenzfelder festzulegen. »Es kann nicht sein, dass wir als ein geisteswissenschaftlicher Fachbereich Hard- und Softwareprobleme lösen. Dazu gibt es Sie doch schließlich!«, weigert sich der Dekan. Demonstrativ zerreißt er die Liste und beendet die kurze Unterredung. Nachdem die Delegation des Rechenzentrums verärgert gegangen ist, beruft Prof. Fuhrberg eilig eine Fachbereichssitzung ein. Er berichtet, das Rechenzentrum wolle ungeliebte Aufgaben an den Fachbereich abschieben. Das sei inakzeptabel, weil hier dafür keine Kompetenz vorhanden sei. Zwei Wissenschaftler des Fachbereichs erklären sich bereit, das persönliche Gespräch zu einigen Mitarbeitern des Rechenzentrums zu suchen, um denen dieses Problem zu verdeutlichen. Fachbereich und Rechenzentrum veranstalten wenige Wochen später einen Workshop unter der gemeinsamen Leitung von Prof. Fuhrberg und Herrn Richartz. Folgender Lösungsweg wird vereinbart: Bestimmte komplexe Aufgaben wird das Rechenzentrum auch weiterhin auf

»Jeder hat das Recht auf seine eigene Meinung, aber er hat keinen Anspruch darauf, dass andere sie teilen.«

Manfred Rommel, dt. Politiker

freiwilliger Basis übernehmen. Um einfache Dinge künftig selbst erledigen zu können, erhalten alle Fachbereichsmitarbeiter eine EDV-Schulung.

ALTERNATIVE 2

Kalter Konflikt

Was hätte passieren können, wenn Herr Richartz und Prof. Fuhrberg nicht das gemeinsame Gespräch gesucht hätten? Was, wenn beide Hochschuleinrichtungen von vornherein davon ausgegangen wären, dass die Gegenseite ohnehin kein Verständnis aufbringen würde? Die Mitarbeiter im Rechenzentrum unterhalten sich untereinander über die »unmögliche Art« des Fachbereichs. So will man sich nicht behandeln lassen! Der Leiter Herr Richartz zuckt nur mit den Schultern: »Die lernen es nie! Überlegen Sie sich selbst was!« Die Mitarbeiter des Zentrums wenden sich frustriert wieder ihrer täglichen Arbeit zu. Ankommende E-Mail-Anfragen aus dem Fachbereich werden jedoch schon mal »aus Versehen« gelöscht. Am Telefon gibt man sich wenig hilfsbereit und Aufträge, die weder den Zentralrechner noch die Datenleitungen betreffen, werden unbearbeitet zurückgesandt – »Tut mir leid, das liegt leider nicht in meiner Kompetenz!« Einzelne Mitarbeiter haben begonnen, Strichlisten über die unfreundlichen Reaktionen des Fachbereichs zu führen.

Im Fachbereich selbst hat der Dekan ebenfalls resigniert. »Das Rechenzentrum macht weniger als den Dienst nach Vorschrift – bitte, können die haben!« Prof. Fuhrberg verfasst einen Brief an den Hochschulpräsidenten. Er schlägt vor, im Fachbereich eine neue Stelle zu schaffen, um einen EDV-kundigen Mitarbeiter vor Ort einzustellen. Um das Gesamtbudget der Hochschule einzuhalten, könnte man im Gegenzug einen Mitarbeiter im Rechenzentrum entlassen. Am gleichen Tag erhält der Präsident ein Schreiben von Herrn Richartz, in dem er eine Aufstellung über unkollegiale Äußerungen des Fachbereichs gegenüber seinen Mitarbeitern detailliert dokumentiert hat … beide Seiten rollen sich mehr und mehr Steine in den Weg – an eine Lösung wird nicht gedacht.

Ein länger anhaltender Konflikt kann in seinen Phasen sowohl heiß als auch kalt sein. Für die Konfliktlösung ist es wichtig festzustellen, wie der Konflikt ausgetragen wird. Während es bei heißen Konflikten notwendig ist, sich erst mit den Beziehungen zwischen den Personen auseinander zu setzen, um sich dann organisatorischen Rahmenbedingungen zuzuwenden, ist es bei kalten Konflikten zunächst bedeutsam, das Selbstwertgefühl der Personen wieder aufzubauen. Organisatorische Fragen können hier durch eine neutrale Instanz zunächst provisorisch gelöst werden, ohne größere Widerstände befürchten zu müssen wie dies bei heißen Konflikten der Fall wäre.

Je nach Konflikttyp sind unterschiedliche Schritte nötig

Einen detaillierten Ansatz zum Umgang mit diesen Konflikttypen finden Sie bei Friedrich Glasl: *Konfliktmanagement* (1999)

Erkennen Sie die Konfliktarten?

*Beim Durcharbeiten des Kapitels haben Sie die wichtigsten Konflikt-
arten kennen gelernt, mit denen Sie im Berufsleben in Berührung
kommen können. Wie sieht es nun in Ihrer Berufspraxis aus?*

Konflikte in Ihrem Berufsalltag

Um einen Konflikt konstruktiv zu lösen, müssen Sie wissen,
was seine Ursachen sind und welche Mechanismen ihn gefördert
haben. Kein Konflikt gleicht dem anderen, aber es gibt doch Gemeinsamkeiten, die eine Einordnung in Gruppen erlauben.

Haben Sie beim Studieren der Konfliktarten an konkrete Situationen aus Ihrem Arbeitsleben gedacht?

Nein

Seite 53 – 75 ◀ ▶ Dann sollten Sie dieses Kapitel noch einmal sorgfältig studieren und bei den dargestellten Beispielfällen die wesentlichen
Charakteristika herausarbeiten.

Seite 106 – 125 ◀ ▶ Im Kapitel 5 erhalten Sie die Gelegenheit, diese Kenntnisse an
neuen Fallstudien mit Musterlösungen zu testen.

Ja. Mit welchen Konfliktarten hatten Sie es schon zu tun?

Seite 53 – 59 ◀ ▶ Paarkonflikte
Bitte beschreiben Sie kurz den Anlass:

_____

_____

Welcher Konfliktart würden Sie diesen Paarkonflikt zuordnen?

    Progressionskonflikt

    Zugehörigkeitskonflikt

    Kommunikationskonflikt

    Rollenkonflikt

    Konkurrenzkonflikt

▶ Seite 53 – 54

▶ Seite 54 – 56

▶ Seite 56 – 57

▶ Seite 57 – 59

▶ Seite 59

Welche Charakteristika sprechen für Ihre Einschätzung?

_____

_____

▶   Dreieckskonflikte
Bitte beschreiben Sie kurz den Anlass:

▶ Seite 60 – 62

_____

_____

Welcher Konfliktart würden Sie diesen Dreieckskonflikt zuordnen?

    Koalitionskonflikt

    Teile-und-herrsche-Konflikt

▶ Seite 60 – 61

▶ Seite 62

Welche Charakteristika sprechen für Ihre Einschätzung?

_____

_____

▶   Gruppenkonflikte
Bitte beschreiben Sie kurz den Anlass:

▶ Seite 62 – 68

_____

_____

Welcher Konfliktart würden Sie diesen Gruppenkonflikt zuordnen?

Seite 63 – 64 ◄   Untergruppenkonflikt

Seite 64 – 65 ◄   Herrschaftskonflikt

Seite 65 – 66 ◄   Rangkonflikt

Seite 66 – 67 ◄   Zugehörigkeitskonflikt

Seite 67 – 68 ◄   Substitutionskonflikt

Welche Charakteristika sprechen für Ihre Einschätzung?

_____

_____

Seite 69 – 71 ◄   ▶ Organisationskonflikte
Bitte beschreiben Sie kurz den Anlass:

_____

_____

Welcher Konfliktart würden Sie diesen Organisationskonflikt zuordnen?

Seite 69 – 70 ◄   Abteilungsegoismen

Seite 70 – 71 ◄   Konzentrationskonflikt

Welche Charakteristika sprechen für Ihre Einschätzung?

_____

_____

Erläutern Sie Ihr neu gewonnenes Konfliktverständnis Ihrer Partnerin, Ihrem Partner oder guten Freunden. Diskutieren Sie mit ihnen Ihre Konfliktfälle aus dem Aktionsplan und stellen Sie fest, ob auch andere diese Zuordnungen getroffen hätten oder zumindest nachvollziehen können!

Konfliktdiagnose

4

Konflikte begleiten uns durch unser ganzes Leben. Wir können uns ihnen auf Dauer nicht entziehen. Aber was ist zu tun, wenn wir mit ihnen konfrontiert werden? Sie zu ignorieren ist sicherlich der größte Fehler. Ungelöste Konflikte binden Ihr Potenzial oder das Ihrer Mitarbeiter und dieser Ressourcenverschwendung sollten Sie offensiv entgegentreten. Sie sollten die Chancen sehen, die in Konflikten als Auslöser von Veränderungsprozessen stecken und versuchen, sie bewusst zu steuern. Konflikte signalisieren, dass etwas klärungs- oder veränderungsbedürftig ist.

Konflikte mit Kollegen oder zwischen den Mitarbeitern zu beheben bedeutet, notwendige Veränderungen nachzuvollziehen und wieder Freiraum für Motivation und die Ausnutzung des vorhandenen Potenzials zu schaffen. Auch aus diesem Grunde werden Führungskräfte zukünftig mehr und mehr aus der Rolle des traditionellen Vorgesetzten in die eines Coachs wechseln müssen, der aufgrund seiner sozialen Kompetenz dazu in der Lage ist, Loyalität und Motivation unter den Mitarbeitern zu erhalten und weiterzuentwickeln. Es sind vor allem Mut und Offenheit gefragt, um Konflikte anzuerkennen und aktiv gestalten zu können. Hinzu kommen noch Einfühlungsvermögen, Kommunikationskompetenzen und der Respekt vor den Mitmenschen. Diese Eigenschaften sind für einen Coach und zur Konfliktbewältigung von besonderer Bedeutung.

Ziel des Kapitels: Konflikte aktiv gestalten und einfühlsam steuern zu können

Mit der Diagnose von Konflikten beschäftigt sich die *Methodik der Konfliktlösung* von Ekkehard Crisand (1999)

Konflikte äußern
sich meist
zunächst nur
unterschwellig

Auch wenn es häufig einfacher ist, Konflikte zu ignorieren und vor ihnen zu flüchten, weil sie unangenehm sein können und Ängste erzeugen – versuchen Sie, sie bewusst wahrzunehmen und sich mit ihnen auseinander zu setzen.

4.1 Konflikte erkennen

Aber woran kann man einen Konflikt erkennen? Wie Konflikte entstehen und welche Arten in Erscheinung treten, können Sie in den Kapiteln 2 und 3 nachlesen. An dieser Stelle geben wir Ihnen einige wichtige Anhaltspunkte, die auf schwelende Konflikte hindeuten können. Je mehr dieser Merkmale auftreten und je intensiver ihre Ausprägung, um so größer ist die Wahrscheinlichkeit, mit einem ungelösten Konflikt konfrontiert zu sein.

Verhaltensmuster bei ungelösten Konflikten

Feindseligkeit

Sie stellen eine aggressive Grundhaltung fest, die teilweise in offene Feindseligkeiten übergeht. Auf sachlicher Ebene wird unter Umständen widersprüchlich argumentiert, mit dem Ziel, dem Gegenüber Schaden zuzufügen. Es wird mit wenig stichhaltigen Thesen fortlaufend eine Kontraposition eingenommen.

Intrigantentum

Ungelöste Kon-
flikte zeigen sich
in feindseligem
und intrigantem
Verhalten

Es werden hinter dem Rücken der Betroffenen Äußerungen getätigt, die überzogen negativ anmuten und einseitig sind. Dabei wird häufig der Versuch unternommen, andere Menschen gegen die Zielpersonen einzunehmen. Eifersucht tritt dabei gelegentlich offen zutage. Unter dem Deckmantel der Heimlichkeit werden anderen Hindernisse in den Weg geräumt.

Konflikte zu
erkennen heißt,
sich bewusst
mit ihnen aus-
einander zu
setzen

Rückzug

Innerhalb der Gruppe wird weniger offen kommuniziert. Die Betroffenen wirken verschlossener. Es entsteht der Eindruck, dass die Arbeitsmotivation nachgelassen hat. Die Fehlzeiten und die Mitarbeiter-Fluktuation durch Abteilungswechsel oder Kündigung steigen an. Die Frustration greift um sich.

Widerstand

Notwendige Maßnahmen werden nur schleppend ausgeführt. Die betreffenden Personen beharren in vielen Diskussionen stur auf ihrer Position und sind nicht zu Kompromissen bereit. Informationen werden teilweise nicht weitergeleitet. Egoistische Verhaltensweisen sind an der Tagesordnung.

Überkonformität

Es wird Dienst nach Vorschrift gemacht. Über Arbeitsanweisungen werden fortlaufend die Freiräume der anderen eingeschränkt.

Im Grunde ist sich jeder, der diese Erscheinungsformen wahrnimmt, auch darüber im Klaren, dass irgendetwas nicht so läuft wie es laufen sollte. Aber nur wenige setzen sich bewusst damit auseinander. Sie sollten allerdings nicht den Fehler begehen, hinter jeder Meinungsverschiedenheit gleich einen Konflikt zu vermuten. Wenn Sachverhalte offen diskutiert werden, treffen immer differierende Meinungen aufeinander und es ist notwendig, sich über den betreffenden Sachverhalt zu verständigen. Aus Meinungsverschiedenheiten können sich allerdings Konflikte entwickeln. Wo die Unterschiede liegen, zeigen die folgenden Beispiele:

BEISPIEL

Vor dem ersten Wochenende im Weihnachtsgeschäft diskutieren in einer Bank der Filialleiter, eine erfahrene Mitarbeiterin und ein Auszubildender über die Höhe der Geldautomatenbefüllung. Da eine

»Nichts ist
falscher als die
törichten Vorurteile der
Menschen, nichts
törichter als
Scheinheiligkeit«

Petronius, römischer Philosoph

Ungewöhnliches Verhalten stellt meist ein wichtiges Indiz dar

hohe Befüllung mit zusätzlichen Kapitalkosten für die Filiale verbunden ist, ein leerer Geldautomat jedoch die Kunden verärgert, soll festgelegt werden, wie viel Geld im Automaten bereitgestellt wird. Die erfahrene Mitarbeiterin erinnert sich, dass in den letzten Jahren am ersten langen Samstag rund 300.000 Mark abgehoben wurden. Im letzten Jahr, meint sich der Filialleiter zu entsinnen, war der Automat jedoch am Sonntag morgen leer. Der Auszubildende schlägt vor, die Statistiken der vergangenen Jahre zu holen, um auf dieser Basis eine Entscheidung zu treffen.

ALTERNATIVE 1

Gesagt, getan: nach einer kurzen Diskussion entscheidet man sich dafür, den Automaten mit 400.000 Mark zu befüllen.

ALTERNATIVE 2

Die langjährige Angestellte weist den jungen Auszubildenden darauf hin, dass sie keine Statistiken benötige und den Bedarf aufgrund ihrer Erfahrung beurteilen könne. Er solle sich lieber um die korrekte Durchführung seiner Aufgaben kümmern, als die für sie relevanten Statistiken zu studieren. Sie empfiehlt dem Leiter, 350.000 Mark in den Automaten legen zu lassen. Im Anschluss an die Diskussion weist die erfahrene Mitarbeiterin den Leiter darauf hin, dass sich der junge Mitarbeiter um alle möglichen Dinge kümmern, aber nicht ausreichend seine eigenen Aufgaben erledigen würde.

Angst um die eigene Position kann ein Konfliktauslöser sein

Die Meinungsverschiedenheit im Beispiel wird in der Alternative 1 zufriedenstellend gelöst, während sie in der Alternative 2 zu einer unverhältnismäßigen Reaktion einer Partei führt.

Feindseligkeit, Widerstand und Intrigantentum prägen dort das Verhalten der Mitarbeiterin. Der Chef sollte sensibel genug sein, hier Indizien für ungelöste Konflikte zu vermuten.

Einen Konflikt zu erkennen reicht natürlich noch nicht für eine Konfliktlösung aus. Hierfür ist eine genaue Analyse erforderlich. Damit Sie wissen, welche Faktoren bei der Konfliktanalyse von Bedeutung sind, ist es zunächst erforderlich, die Problemfelder zu identifizieren, die eine einfache Lösung der Differenzen verhindern.

4.2 Problemfelder, die der Konfliktlösung im Wege stehen

Schwarz-Weiß-Denken

Das Denken in nur zwei Facetten, nämlich schwarz und weiß, verhindert konstruktive Lösungen und führt zu einer selektiven Wahrnehmung. Grautöne zwischen den beiden Polen werden herausgefiltert. Diese Verzerrung der Wirklichkeit führt zu einer gewissen Eigendynamik der Konflikte (siehe »Einseitige Perspektiven verengen das Blickfeld« auf Seite 44). Die negativen und feindseligen Einstellungen werden fixiert. Man reflektiert nicht mehr, ob das bisherige Bild, das man sich von seinen Konkurrenten gemacht hat, überhaupt zutreffend ist. Da die »Schlechtigkeit« der anderen Partei feststeht, erscheint ein rein destruktives Verhalten legitim. Das lässt Konflikte bis zur Ausweglosigkeit eskalieren.

Projektionsmechanismus

Innerhalb einer Konfliktsituation ist häufig zu beobachten, dass eigene Schwächen negiert werden oder zumindest nicht zur Diskussion stehen. Sie werden stattdessen auf die andere Partei übertragen. Dies blockiert die eigene Wahrnehmung, der Gegner wird automatisch als Verursacher des Konfliktes erkannt. Gleichzeitig ist eine Frustration des eigenen Ichs zu beobachten, da man weiß oder ahnt, dass man sich nicht korrekt und fair verhält. Mit heftigen Reaktionen soll das schlechte Gefühl kompensiert werden. Und wieder weist man all das Schlechte, das einem aus dieser Situation heraus erfährt, dem Oppo-

Unverrückbares Schubladendenken und das Übertragen eigener Schwächen auf den Gegner verbauen den Ausweg

»Wir wollen weder im Zorn zurückblicken, noch mit Angst in die Zukunft schauen, sondern die Augen offen halten für das Naheliegende«

James Thurber, amerik. Schriftsteller

Die Ausdehnung des Konflikts auf andere Bereiche sowie die Isolation von äußeren Einflüssen verhindert eine Lösung

nenten zu. Der Teufelskreis kann nur durch das bewusste Erkennen des eigenen Fehlverhaltens durchbrochen werden. Die Frage ist nur, ob dies stattfindet und wenn ja, welche Seite den ersten Schritt macht und eigene Fehler einräumt.

Ausweitung des »Schlachtfeldes«

Nahezu alle Themen, die auf irgendeine Weise herangezogen werden können, um die eigene Position zu stärken und die des Gegner zu schwächen, sind Bestandteil der Ausweitungsstrategie, auch wenn sie mit dem Konflikt selbst vielleicht überhaupt nichts zu tun haben. Die Komplexität des Konflikts steigt. Da der Mensch bei der Problembehandlung eher zu Vereinfachungen neigt, ist er nun gezwungen, die Realitäten für die »interne Verarbeitung« weiter zu simplifizieren und entfernt sich damit noch weiter von den realen Vorgängen. Die Wahrnehmung des realen Sachverhaltes nimmt weiter ab.

Rückzug ins Schneckenhaus

Dieser Rückzug beinhaltet ein reduziertes Einfühlungsvermögen bei gleichzeitiger Erhöhung der eigenen Verwundbarkeit bzw. Empfindlichkeit. Die Konfliktparteien begeben sich in eine Isolation. Mangels neuer, vielleicht klärender Eindrücke wird die Schwarz-Weiß-Sicht noch verstärkt. Man lässt niemanden, der eine andere Ansicht vertritt, an sich heran. Schließlich kennt man doch die Wahrheit selbst am allerbesten!

4.3 Erst wahrnehmen, dann analysieren

Möglichst viele Informationen sammeln

Die grundsätzlichen Problemfelder, die in den Beteiligten wirken, sind Ihnen jetzt bekannt. Nehmen Sie sich Zeit und versuchen Sie, möglichst viele der in Bezug auf den Konflikt relevanten Informationen in Erfah-

Den Hintergrund des Konflikts gilt es möglichst objektiv zu ermitteln

rung zu bringen. Eine ausreichende Informationsbasis ist eine notwendige Bedingung für eine gute Analyse.

Mit der Ermittlung der zugrunde liegenden Konfliktart haben Sie schon erste Hinweise auf die Motive der Kontrahenten erhalten. An erster Stelle der weiterhin zu ermittelnden Daten stehen die Ursachen und die Geschichte des Konfliktes: Was sind die Streitpunkte des Konfliktes und über welche Stufen hat sich der Konflikt zu dem entwickelt was er heute ist? Lösungen für die Zukunft können Sie nur dann entwickeln, wenn Sie wissen, was in den Beteiligten vorgegangen ist und in welcher Lage sie sich heute befinden. Lösungen müssen mit Beteiligung aller Betroffenen entwickelt werden und deren derzeitige Verfassung berücksichtigen.

Versuchen Sie, die folgenden Themengebiete vollständig zu beleuchten und dabei einen möglichst objektiven Standpunkt einzunehmen! Bedenken Sie, dass Sie sich selbst auch nicht vollständig von der eingeschränkten Wahrnehmung befreien können. Überprüfen Sie Ihre Einschätzungen mehrfach! Liegt eventuell eine einseitige Wahrnehmung in Bezug auf einen Konfliktbeteiligten vor? Die eigene Wahrheit ist nicht die einzige Wahrheit. Auch die Sicht der anderen hat Anspruch auf Gültigkeit. Denn alle Beteiligten erschaffen sich aufgrund ihres Informationsstandes und ihrer Persönlichkeit eine eigene Sicht der Dinge. Diese Relativierung der Sichtweisen sollten Sie bei allen Beobachtungen zugrunde legen.

EXPERTENTIPP

Respektieren Sie alle Konfliktbeteiligten! Niemand hat eine »falsche Sicht« der Dinge. Denn jeder entwickelt seinen Standpunkt auf der Basis seiner Informationen und Erfahrungen. Es geht nur darum, aus den unterschiedlichen Sichtweisen ein Bild zu formen, dass für den zu entscheidenden Sachverhalt am besten geeignet ist.

»Nichtachtung ist die respektloseste Form des Respekts«

Manfred Strahl, Satiriker

Wie viele Parteien sind in den Konflikt direkt verwickelt?

Hier geht es darum herauszufinden, in wie viele Lager sich die Streitenden aufgeteilt haben. In Konfliktsituationen formieren sich die Beteiligten in wenige Gruppierungen, die jeweils durch eine Führungspersönlichkeit, durch eine gemeinsame Ideologie oder der Zugehörigkeit zu einer sozialen Einheit – wie z. B. einer Abteilung – miteinander verbunden sind.

Wer sind die Parteien?

Neben der Anzahl der Gruppierungen gilt es noch zu bestimmen, wer sich in diesen Gruppen formiert hat. Dabei sollte auch herausgearbeitet werden, ob es Führungspersönlichkeiten gibt, die den Konflikt stellvertretend für die Gruppe austragen oder vielleicht Auslöser für den Konflikt waren. Handelt es sich um einen Stellvertreter einer Gruppe, so ist bei seinem Verhalten immer zu berücksichtigen, dass dieser sich bei Konfliktaustragungen schon selbst in einer schwierigen Situation befindet. Er hat zum einen die Interessen der Gruppe zu vertreten. Zum anderen bildet er sich natürlich selbst noch eine eigene Meinung, die nicht unbedingt mit den durch die Gruppe verabschiedeten Standpunkten übereinstimmen muss. Darüber hinaus sollte er auch auf die Argumente seines Konfliktgegners eingehen, da sich nur über einen Kompromiss »win-win«-Lösungen erarbeiten lassen, d. h. Ergebnisse, die es beiden Parteien erlauben, ihr Gesicht zu wahren.

Zentrale Figuren können auch die eigentlichen Auslöser eines Konfliktes sein. Es gehört häufig zur Kernstrategie der Kontrahenten, im Umfeld nach Verbündeten zu suchen und den Konflikt so auszuweiten. Gerade in Konfliktstadien, in denen man die Auseinandersetzung noch nicht offen austrägt, ist es für die Beteiligten wichtig, zusätzliche Verbündete zu finden. Dies stärkt die eigene Position. Je mehr Personen sich der eigenen Meinung anschließen, um so stärker fühlt man sich und um so mehr Druck kann man auf die Kontrahenten ausüben. Diesen Effekt können Sie sich auch am Beispiel der Dreieckskonflikte verdeutlichen. Lesen Sie hierzu bitte auf Seite 60 weiter. Häufig wird der

Die Angst, das Gesicht zu verlieren, macht eine sachliche Klärung fast unmöglich

Versuch unternommen, andere von der Überlegenheit der eigenen Meinung dadurch zu überzeugen, dass der Gegner abgewertet wird. Wenn dieser an sich inakzeptabel ist, kann auch sein Standpunkt nicht richtig sein. Damit wäre die eigene Meinung richtig und man selbst hätte die Möglichkeit, das unangenehme Gefühl abzustreifen, durch die Mechanismen eines Konfliktes fremdbestimmt zu sein. Nach eigenem Empfinden zwingt die Konfliktsituation ja ein bestimmtes Verhalten auf: »Wenn ich mich nicht durchsetze, verliere ich eventuell mein Gesicht und damit Macht oder Karrierechancen.« Da man diesen Umstand vermeiden möchte, unternimmt man alles, um den Kontrahenten (und damit den vermeintlichen Verursacher des Konfliktes) zu besiegen. Es entsteht das Gefühl, gezwungenermaßen auf den Kontrahenten reagieren zu müssen.

Mit dieser Denkhaltung befindet man sich mitten in einem Teufelskreis, der aus der Fiktion erwächst, den anderen besiegen zu müssen. Denn mit den ergriffenen Maßnahmen erlangt man nicht die erhoffte Befreiung von Zwängen, die ein Konflikt auferlegt, sondern genau das Gegenteil. Zum einen wird sich die Gegenseite Diffamierungen und Intrigen nicht ohne Gegenwehr gefallen lassen. Zum anderen entfernt man sich mit den persönlichen Angriffen von den Sachthemen, die ursprünglich vielleicht als Auslöser des Konfliktes gedient haben. Eine Lösung des Konfliktes allein über die Sachthemen ist dann nicht mehr möglich, da die Angelegenheit schon persönliche Elemente enthält. Außerdem führt die Ausweitung des Konfliktes dazu, dass immer mehr Leute von der Auseinandersetzung erfahren und erwarten könnten, dass man diese gewinnt. Der Gesichtsverlust nimmt für den Fall einer Niederlage immer bedrohlichere Züge an. Dann geht es schon nicht mehr darum herauszufinden, welche Wahrheit wohl die »bessere« ist (was an sich ja schon nicht zielführend ist), sondern es geht nur noch um die Suche nach dem Schuldigen: Die Schuld des anderen muss bewiesen werden. In diesem Wettkampf haben die Führungspersönlichkeiten tragende Rollen.

»Die Kunst der Verfehlung besteht darin, so überzeugend auf andere zu zeigen, dass man sogar selbst von seiner Unschuld überzeugt ist.«

Jörg Mosch, dt. Publizist

Die eigentliche
Ursache des
Konflikts geht im
Verlauf oft unter

E X P E R T E N T I P P

Ermitteln Sie genau, aus welchen Personen sich die beteiligten Gruppen zusammensetzen! Konzentrieren Sie Ihre weiteren Überlegungen auf die Stellvertreter beziehungsweise Hauptdarsteller dieser Gruppierungen!

Worum geht es eigentlich?

Dies hört sich einfacher an als es ist. Überlegen Sie einmal selbst, wie häufig Sie in Streitgesprächen von einem Punkt zum nächsten abschweifen und nach einiger Zeit gar nicht mehr so recht wissen, über welches Thema Sie ursprünglich einmal diskutieren wollten. Übertragen Sie das auf einen Konflikt, der sich über Monate hinweg entwickelt hat und mittlerweile schon eine Vielzahl an Sachinhalten und emotional aufgeladenen Themen gestreift hat. Der Konflikt vollzieht sich dabei in der Regel auf zwei Ebenen. Auf der Sachebene gilt es zu klären, ob Veränderungen in Strukturen oder organisatorischen Abläufen notwendig sind. Auf der emotionalen Ebene ist eine Einschätzung in Bezug auf die persönliche und zwischenmenschliche Sphäre notwendig.

Ergründen Sie die Streitpunkte und -gegenstände möglichst vollständig. Ermitteln Sie, welche Themen Nebenkriegsschauplätze sind und welche tatsächlich als Ursache für den Konflikt infrage kommen. Dabei ist es hilfreich zu betrachten, unter welchen Umweltbedingungen sich ein Konflikt entwickelt hat. Es wäre hier denkbar, dass dieser unter Sonderbedingungen entstanden ist, die zukünftig nicht wieder vorliegen. Dann wären z. B. keine organisatorischen Fragen zu klären. Der Fokus läge vielleicht auf der persönlichen Ebene. Um Nebenkriegsschauplätze und Kernthemen zu trennen, unterteilen Sie dieses Themengebiet in zwei Aspekte:

▶ Welches sind die »offiziellen« Streitpunkte zwischen den Parteien?
▶ Um was wird wirklich gestritten?

Trennung von
Haupt- und
Nebenkriegs-
schauplätzen

Oft werden die eigentlichen »Knackpunkte« nicht direkt angesprochen. Vielmehr versucht man, den Konflikt auf eine andere Sache zu übertragen. Damit kann man sein Unwohlsein schon mal zum Ausdruck bringen und den Gegner bei dieser Gelegenheit gleich schädigen. Lesen Sie hierzu noch einmal die Charakteristika von Substitutionskonflikten auf Seite 67 nach.

Eng verknüpft mit der Frage nach den tatsächlichen Streitobjekten ist die Suche nach den Zielen der beteiligten Parteien.

Welche Ziele verfolgen die Parteien?

Diese Frage lässt sich ebenso wie die Frage nach den eigentlichen Konfliktgegenständen nur beantworten, wenn Sie sich über mögliche Motive der Beteiligten sowie den bisherigen Verlauf des Konfliktes ein klares Bild verschafft haben. Sie sollten sich bei der Analyse des Verhaltens eines Beteiligten Gedanken über dessen Grundeinstellung zum Konflikt machen. Nach *Bernd M. Wittschier* wollen wir diesbezüglich drei Grundhaltungen differenzieren.

Unvermeidbarer Konflikt

Die Konfliktpartei hält den Konflikt für unvermeidbar. Er muss ausgefochten werden, da eine Übereinstimmung der Standpunkte aus ihrer Sicht unmöglich ist. Somit sind auch keine »win-win«-Situationen denkbar. Eine Seite muss verlieren. Diese Grundhaltung läuft darauf hinaus, einen Schiedsspruch eines neutralen Dritten anzustreben – im Unternehmen in der Regel durch eine übergeordnete Instanz. Dies bedeutet für die Beteiligten, dass der Ausgang des Konfliktes dem Zufall überlassen ist.

Überflüssiger Konflikt

Wenn eine der Konfliktparteien den Konflikt für vermeidbar hält, dann ist eine Konsenslösung aus ihrer Sicht zur Zeit nicht denkbar. Eine denkbare Reaktion innerhalb des Konfliktes wäre, zunächst den Kontrahenten zu blocken und die eigene Position dadurch zu stärken, dass die andere Partei diskreditiert wird.

Die Grundeinstellung der Widersacher entscheidet über eine mögliche Einigung

»Es ist eines der Vorurteile unserer Zeit, man erreiche sein Ziel am besten, wenn man ihm mit Scheuklappen zustrebe«

Carl Friedrich von Weizsäcker; Physiker (1986)

Halten Sie Ihre
Gedanken
schriftlich fest!

Einigung ist möglich

Eine Übereinstimmung in bestimmten Punkten wird durch die Konfliktpartei nicht ausgeschlossen. Dies signalisiert das grundsätzliche Interesse, mit der Gegenpartei eine gemeinsame Konfliktlösung zu erarbeiten. Somit bestünde die Möglichkeit, diesen Kompromiss über Verhandlungen anzustreben. Alle Beteiligten können ihr Gesicht wahren.

Eine Einschätzung dieser Grundhaltung erlaubt es Ihnen, zukünftige Verhaltensweisen vorherzusehen. Sie können ferner Rückschlüsse auf die verfolgten Ziele ziehen. Was erhoffen sich die Kontrahenten? Welche Ziele verfolgen sie an der Stelle des Konfliktes, an der sie sich aktuell befinden?

EXPERTENTIPP

Beobachten Sie das Geschehen sorgfältig! Um Ihre Erkenntnisse reflektieren zu können, sollten Sie diese schriftlich fixieren. Nutzen Sie hierfür die folgende Checkliste.

_____

Konfliktfall:

_____

Wie viele Parteien sind in den Konflikt direkt verwickelt?

_____

Wer sind die Parteien?

Checkliste für die
Konfliktdiagnose

_____

Das Stadium des Konflikts ist wichtig für das weitere Vorgehen

Welches sind die »offiziellen« Streitpunkte zwischen den Parteien?

Um was wird wirklich gestritten?

Welche Ziele verfolgen die Parteien?

4.4 Die Diagnose – die neun Stufen der Eskalation

Ein Konflikt entwickelt sich nicht über Nacht. Wird er nicht gelöst, nimmt die Auseinandersetzung in ihrer Härte stetig zu. Dazu leisten alle Konfliktparteien üblicherweise ihren Beitrag. In der vorangegangenen Analyse wurden bereits die folgenden Fragen beantwortet:

▶ Wer ist am Konflikt beteiligt?
▶ Warum ist er entstanden?
▶ Welche Ziele verfolgen die Parteien?
▶ Wie hat sich der Konflikt im Laufe der Zeit entwickelt?
▶ Welche Persönlichkeitsmerkmale, welche Kommunikationsstile sind für die Beteiligten charakteristisch?

Die Antworten auf diese Fragen fließen in die Diagnose ein. Ziel ist es, festzustellen, wo der Konflikt aktuell steht. Von diesem Punkt aus sind Lösungsstrategien zu entwickeln. Die Beteiligten müssen dort abgeholt werden, wo sie stehen.

Das Modell der Eskalationsstufen stammt von Prof. Dr. Friedrich Glasl: *Konfliktmanagement* (1999)

Eine »win-win«-
Situation wird
schnell zu einer
»lose-lose«-
Situation

Um festzustellen, wie weit der Konflikt fortgeschritten ist und welche Lösungsansätze noch realistisch erscheinen, dient uns das Eskalationsmodell nach *Friedrich Glasl*. Es ist in neun Stufen aufgebaut. Der Übergang von einer Stufe in die nächste kann mit einem beschleunigten Abgleiten in den Konflikt verglichen werden. Mit jeder genommenen Schwelle lassen sich die Parteien mehr und mehr von Emotionen und Motiven leiten, die unter ihrem Grad der persönlichen Reife liegen. Die Gewaltbereitschaft wächst. Die Gegner ziehen sich gegenseitig in einen Bewegungsrausch. In den Stufen eins bis drei steht noch der gemeinsame Konsens im Vordergrund. Eine »win-win«-Situation wird angestrebt. Auf den Stufen vier bis sechs geht es um den Sieg der eigenen Partei über die des Gegners (»win-lose«-Situation). Dem Opponenten trotz eigener Verluste noch so viel Schaden wie möglich zuzufügen (»lose-lose«-Situation) ist das Ziel der letzten drei Eskalationsstufen.

Stufe 1: Verstimmung und Verhärtung

Zwischen den Konfliktparteien treten Spannungen auf. Man hat unterschiedliche Auffassungen zu einem Problem und kann den Standpunkt der Gegenseite nicht nachvollziehen. Das Verhältnis zwischen den Opponenten gilt als leicht getrübt. Mögliche Auslöser für solche Verstimmungen können Missverständnisse, ein vergessener Gruß, Zigarettenrauch im Nichtraucherbüro oder überzogene Mittagspausen sein. Die deutlich spürbaren Verstimmungen müssen nicht unbedingt auf die erste Konfliktstufe führen. Wenn die Beteiligten offen und ehrlich miteinander umgehen, lassen sich viele dieser Problemansätze schnell in Wohlgefallen auflösen. Gelingt das nicht, ist die erste Stufe der Eskalation erklommen!

Stufe 2: Debattieren

Von der Verstimmung über die Verhärtung zur Debatte

Die Parteien und Lager verhärten sich. Konkurrenz und Überheblichkeit bestimmen den Umgang. Jede Partei ist sicher, im Recht zu sein und versucht ggf. auch Außenstehende zu überzeugen. Zwischen den Zeilen sind deutlich direktere und verletzende Äußerungen wahrzunehmen. Kompromissbereitschaft gilt als Zeichen der Schwäche. Die Parteien beginnen, schwarz und weiß zu denken. Man versucht zu imponieren. Führen die Beteiligten gemeinsame Gespräche, muten diese eher als Debatten an. Ziel ist es, den Opponenten verbal unter Druck zu setzen, indem ihm Trugschlüsse und logische Fehler nachgewiesen werden. Sofern zwischen den Parteien vor dem Konflikt eine Beziehung bestand, soll diese nach wie vor erhalten werden. Eine gütliche Lösung wird angestrebt. Die Parteien können den Konflikt noch aus eigener Kraft beilegen.

In den ersten drei Stufen steht noch der Konsens im Vordergrund

Stufe 3: Taten

Gelangen die Parteien zu der (traurigen) Erkenntnis, dass Reden nicht mehr weiter hilft, betreten sie die dritte Eskalationsstufe. Den Worten sollen Taten folgen. Der Projektionsmechanismus setzt ein: die Partei erwartet von der Gegenseite genau das, was sie selbst nicht zuzugeben bereit ist. Nach außen hin gibt man sich stark und zielstrebig. Nonverbales Verhalten dominiert. Der Opponent soll bei seiner Zielerreichung behindert werden, um die eigene zügig voranzutreiben. Da beide Seiten dieses Vorgehen praktizieren, führt es zu Blockade und Stillstand. Schuld an der Eskalation ist die Gegenseite, für die Konsequenzen will man selbst keine Verantwortung mehr übernehmen. Die Parteien wissen noch, dass sich der Konflikt am besten beilegen ließe, wenn beide Seiten Zugeständnisse machten. Eine Lösung aus eigenem Antrieb ist aber bereits unwahrscheinlich.

Stufe 4: Images

Die Parteien wollen sich nicht besiegen lassen. Das führt zum Ziel, selbst zu siegen und den Gegner zu unterwerfen. Mit der vierten Stufe betreten wir das Feld der Gewinner-Verlierer-Situation. Die Parteien verhalten sich feindselig, man zwängt sich gegenseitig in Rollen, die nicht der Realität entsprechen. Das Selbstbild wird gepflegt und glorifiziert, während das Fremdbild jeden Glanz verloren hat. Die Entscheidungsdimensionen sind Wahrheit oder Lüge, Recht oder Unrecht. Da die Gegenseite auf ihrer falschen Meinung beharrt, erscheint sie unangenehmer, unfähiger und inkompetenter denn je. Die Abwertung der Gegen-

Eine differenzierte Stufendefinition können Sie bei Bernd M. Wittschier (*Konflixt und zugenäht*, 1998) nachlesen

Auf den Stufen
vier bis sechs
geht es um den
eigenen Sieg

seite dient gleichzeitig der Aufwertung der eigenen Position. Über das leuchtende Selbstbild versuchen beide Parteien, außenstehende Verbündete zu gewinnen. Dieses Werben um Sympathisanten wirkt sich insgesamt jedoch eher negativ für die Parteien aus, da die Abhängigkeit gegenüber neu gewonnenen Mitstreitern zunimmt. Die Autonomie nimmt ab, da die Interessen der Verbündeten ebenfalls zu berücksichtigen sind. Sachfragen treten allmählich hinter Personifizierungen zurück. Die Störungs- und Manipulationsversuche konzentrieren sich zusehends auf die am Konflikt beteiligten Personen.

Stufe 5: Gesichtsverlust

Auf der fünften Stufe erfolgt endgültig eine Personalisierung des Konflikts. Die Persönlichkeit wird zum Feindbild erkoren. Öffentlich und direkt will man dem Gegner einen Gesichtsverlust zufügen. Er soll entlarvt und entwürdigt werden. Hierfür werden auf dieser Stufe unterschiedliche Weltanschauungen bemüht. Moralische Aspekte dienen der Rechtfertigung des eigenen Handlungszwanges. Als Verfechter von Moral und Ordnung kommt man nicht mehr am unmoralisch handelnden Gegner vorbei, ein ideologisches Gut-Böse-Bild wird entworfen. Zwischen den Parteien ist jegliches Vertrauen verloren gegangen. Der Gegner soll verbannt und ausgestoßen werden. Die Opponenten sind sich sicher, die Differenzen untereinander niemals lösen zu können.

Stufe 6: Drohung und Gegendrohung

Mit dem Eintritt in die sechste Stufe der Eskalation nimmt die Androhung von Gewalt deutlich zu. Strafen und Vergeltungsmaßnahmen werden wiederholt in Aussicht gestellt. Die Gegner können die Kontrolle über den Konflikt nur noch schwer behalten. Die Drohungen lassen Ängste wachsen – und genau das ist das Ziel auf dieser Stufe. Der Kontrahent soll sich vor Konsequenzen fürchten. Die Sprache wird zunehmend bildhafter, Horrorszenarien werden entworfen. Die Auseinandersetzung findet zunehmend auf der emotionalen Ebene statt. Rationales Verhalten gerät ins Hintertreffen. Gewaltandrohungen zwängen ein. Das Handeln der Konfliktparteien ist zunehmend weni-

Die Androhung
von Gewalt heißt
nicht, dass diese
auch umgesetzt
wird

ger selbstbestimmt. Agieren wird zum Reagieren auf die Aktivitäten des Gegners. Wichtig zu bedenken ist jedoch eines: die Androhung ist der Anwendung von Gewalt nicht gleichzusetzen. Der Ausspruch einer Drohung ist gleichsam ein Zeichen dafür, dass man Gewalt eigentlich gar nicht anwenden möchte.

Stufe 7: Begrenzte Vernichtungsschläge

Ab der siebenten Stufe gilt die Anwendung von Gewalt als legitimes Mittel im Konflikt. Dessen Lösung wird als möglich angesehen, sofern man keinerlei Kompromisse mehr eingeht. Die Konfrontation gilt erst als beendet, wenn eine der beiden Parteien ihren Einfluss gänzlich verloren hat. Der Gegner wird als lebloses Objekt, als Ding, betrachtet und entsprechend behandelt. Ein relativ kleiner eigener Schaden wird mittlerweile bereits als Gewinn gewertet. Im Ergebnis soll entweder ein glorreicher Sieg oder ein ehrvoller Untergang stehen.

Stufe 8: Zersplitterung

Ab der Entscheidung, die Existenzgrundlage des Kontrahenten zu vernichten, betreten die Parteien die achte Stufe. Ziel der Angriffe ist die Unterbrechung der Existenz sichernden Verbindungen zum »Hinterland«. Das vitale System des Gegners soll soweit zerstört werden, dass dieser steuerungsunfähig auf der Strecke bleibt. Dabei wird bei den Aktionen bewusst das Risiko eingegangen, das eigene Überleben zu gefährden. Ein Sieg ist gleichbedeutend mit der Garantie des eigenen Überlebens. Da mit einer Schädigung des Gegners auch die eigene Position an Stärke verliert, vermeiden die Parteien noch ganz bewusst den totalen Vernichtungsschlag. Überleben scheint noch möglich!

Stufe 9: Gemeinsam in den Abgrund

Am Ende der Gewaltspirale gibt es für die Gegner kein Zurück mehr. Ziel ist die endgültige Vernichtung der anderen Partei um den Preis der eigenen Existenzaufgabe. Keine Seite kann mehr gewinnen. Der eigene Tod wird zur Genugtuung, weil er auch den des Gegners bedeutet.

Auf den letzten drei Stufen will man dem anderen möglichst viel Schaden zufügen – auch wenn man dabei selbst verliert

»Groll mit uns herumzutragen ist wie das Greifen nach einem glühenden Stück Holz in der Absicht, es nach jemandem zu werfen. Man verbrennt sich nur selbst dabei«

Gautama Buddha

**Ein Kooperations-
schema hilft, eine
einvernehmliche
Lösung zu finden**

4.5 Lösungsmöglichkeiten ausloten

Solange Sie noch davon ausgehen können, dass eine einvernehmliche Lösung möglich ist, halten wir das kooperative Konfliktlösungsschema unter Beteiligung der Konfliktparteien für angebracht. Die vier Stufen beinhalten praktische Empfehlungen, die Ihnen helfen sollen, Lösungsmöglichkeiten in der Mitarbeitergruppe auszuloten.

Stufe 1: Wo liegt das Problem?

▶ Lassen Sie sich nicht von der emotionalen Erregung anstecken.
▶ Bieten Sie den Parteien offen Ihre Kooperation an.
▶ Erkennen und definieren Sie innerhalb der Gruppe das Problem, das zum Konflikt geführt hat.

Stufe 2: Mögliche Lösungen entwickeln

▶ Nehmen Sie die Lösungsvorschläge der Mitarbeiter ernst!
▶ Vermeiden Sie es, bereits zu diesem Zeitpunkt zu bewerten.
▶ Entwickeln Sie eigene Lösungsvorschläge.

Stufe 3: Lösungen rational bewerten

▶ Sammeln Sie gemeinsam Pros und Kontras der einzelnen Vorschläge.
▶ Beachten Sie dabei die Gefühle der Mitarbeiter.
▶ Beharren Sie nicht auf eigenen Vorschlägen, wenn diese sachlich nicht gerechtfertigt sind.

Stufe 4: Entscheidung für die beste Lösung

**Die Konflikt-
parteien werden
einbezogen**

▶ Wählen Sie eine Lösung aus und beschreiben Sie sie genau.
▶ Fragen Sie nach, ob die Mitarbeiter diese akzeptieren können.

4.6 Selbstcheck

Selbstbild – Fremdbild

Wie realistisch ist Ihre Selbsteinschätzung zu Ihrem Konfliktverhalten?

	sehr	mittel	mäßig	mittel	sehr	
Schnelle Gesprächs-bereitschaft bei Problemen	☐	☐		☐	☐	Nachdenkliches und abwartendes Verhalten
Fähigkeit, sämtliche Argumente zu sammeln (auch kontroverse)	☐	☐		☐	☐	Festklammern an der eigenen Idee, auf kontroverse Argumente wird nicht eingegangen
Moderation und Vermittlung bei Streitigkeiten Dritter gelingen kaum	☐	☐		☐	☐	Fähigkeit, als Nichtbetroffener Streitigkeiten zu schlichten
Lösungsversuch durch Überzeugen	☐	☐		☐	☐	Lösungsversuch durch Überreden
in Konflikten eher defensiv	☐	☐		☐	☐	in Konflikten eher kämpferisch
in Konflikten hoch konzentriert	☐	☐		☐	☐	in Konflikten stets abgelenkt und unsicher
persönliche Angriffe sind üblich	☐	☐		☐	☐	Vermeidung, persönlich anzugreifen
Konflikte sind grundsätzlich unangenehm	☐	☐		☐	☐	Konflikte sind eine Herausforderung
Eigenschaft, ruhig und besonnen zu bleiben	☐	☐		☐	☐	Eigenschaft, eher aggressiv zu werden

Kommen Sie über die Einschätzungen anderer zu neuen Einsichten

Kopieren Sie die Vorlage fünffach. Erstellen Sie sich Ihr Selbstbild, indem Sie Ihren Standort zwischen den Gegensatzpaaren in der Tabelle mit einem Kreuz markieren. Verbinden Sie die Kreuze, nachdem Sie alle Positionen durchgearbeitet haben. Die entstehende Linie ist Ihr persönliches Profil zu Ihrem Konfliktverhalten. Geben Sie nun die verbleibenden vier Kopien an Ihre Partnerin oder Ihren Partner, gute Freunde und Arbeitskollegen mit der Bitte, ein Profil von Ihnen zu erstellen. Selbst Ihre ehrlichste Selbsteinschätzung wird sich nicht mit dem Bild decken, das Sie bei anderen hinterlassen. Sie gewinnen auf diese Weise einen Einblick in die Person, die die anderen in Ihnen sehen. Hieraus können sich interessante Ansatzpunkte für eine Veränderung im Konfliktverhalten ergeben!

4.7 Übungen

Die kollektive Kündigung

BEISPIEL

In einer Bankfiliale treten schon seit längerer Zeit immer wieder Spannungen zwischen dem Filialleiter und seinen Mitarbeitern auf. Der Filialleiter bevorzugt einen aggressiv-entwertenden und bestimmend-kontrollierenden Kommunikationsstil, mit dem sein Team überhaupt nicht klarkommt. Durch die Anspielungen ihres Chefs fühlen sich viele Mitarbeiter regelmäßig verletzt. Wer sich wehrt, gerät noch mehr in das Fadenkreuz des Leiters. Auch die Hinzuziehung des Betriebsrates bringt keine Besserung, im Gegenteil. Der Vorgesetzte betrachtet dies als Affront von Mitarbeitern, die nicht den Schneid haben, ihre Probleme selbst in die Hand zu nehmen. Er sieht sich mit einem »Haufen ängstlicher und fauler Mitarbeiter« gestraft. Die vermeintlichen Rädelsführer im Filialteam lässt er fortan besonders leiden. Die Stimmung ist auf dem Nullpunkt, emotionale Ausbrüche sind an der Tagesordnung. Das Team wirft seinem Chef vor, ein

Ein heißer Konflikt zwischen Vorgesetztem und Abteilung

Unmensch zu sein, der Spaß daran empfinde, andere leiden zu sehen. Dieser hält entgegen, leiden zu müssen, wenn er täglich eine Meute nicht lebensfähiger Erwachsener erleben müsse. Das reicht den Mitarbeitern. Sie reichen geschlossen ihre Kündigung zum nächsten Termin ein. Sie teilen der Direktion jedoch mit, dass diese zurückgezogen werde, wenn der Filialleiter von seinem Posten entfernt werde oder sein Verhalten endlich ändere.

Eine realistische Beurteilung der Situation ist von zentraler Bedeutung

Auf welcher Eskalationsstufe sehen Sie den Konflikt?

Eskalationsstufe								
1	2	3	4	5	6	7	8	9

Zunächst ist festzustellen, dass die Mitarbeiter eine »win-win«-Situation nicht mehr anstreben. Ihr Chef soll gehen oder sein persönliches Verhaltensmuster aufgeben. Die Stufen 1 bis 3 sind somit bereits überschritten. Die Mitarbeiter haben Koalitionen gebildet – zum einen handeln sie im Team, zum anderen ist der Betriebsrat involviert worden. Ziel ihrer mit der Kündigung verbundenen Forderung ist die Verbannung des Leiters. Alternativ muss der sein angestammtes Ich verändern – eindeutig ein Gesichtsverlust für den Vorgesetzten. Da die kollektive Kündigung fallen gelassen wird, wenn bestimmte Bedingungen erfüllt werden, ist sie als Drohung zu interpretieren. Ein echter Sieg für die Mitarbeiter ist möglich, wenn die Bankdirektion die Kündigung verhindern will. Die Stufe 7 ist somit noch nicht erreicht. Wir würden den Konflikt auf das Eskalationsniveau 6 setzen.

»Die Akzeptanz der Unterschiede ist Voraussetzung für die Überraschung von Gemeinsamkeiten«

Sir Peter Ustinov, Schriftsteller

Kommunika-
tionsstörungen
können schnell
eskalieren

Das Nichtraucherbüro

BEISPIEL

In einem Großraumbüro besteht die Vereinbarung, nicht am Arbeitsplatz zu rauchen. Eine neue Mitarbeiterin zündet sich dennoch an
ihrem ersten Tag eine Zigarette an. Die Kollegen weisen sie teils
freundlich, teils weniger freundlich auf die Vereinbarung hin. Die
Neue verdreht genervt die Augen, drückt ihre Zigarette dennoch aus.
Als die Mitarbeiter am nächsten Morgen ins Büro kommen, ist ihre
neue Kollegin bereits am Arbeitsplatz … und im Büro riecht es schon
wieder nach Zigarettenrauch. Man stellt sie zur Rede. Die neue Kollegin argumentiert: »Solange keiner von Ihnen hier ist, kann es ja niemanden stören, wenn ich rauche!« Am nächsten Morgen wiederholt
sich das Spiel. Die Kollegen sind ernsthaft verärgert. Die neue Kollegin
kommentiert: »Ich weiß gar nicht, was dieses hysterischen Anstellen
soll! Von ein bisschen Rauch werden Sie schon nicht gleich tot umfal-
len!« Das reicht – mit Vernunft ist der Neuen wohl nicht beizukom-
men. Ein Mitarbeiter erstellt eine Unterschriftenliste, auf der sich alle
Kollegen im Büro eintragen sollen, die bezeugen, dass wiederholt gegen das Rauchverbot verstoßen wurde. Viele Mitarbeiter tragen sich
ein. Am Abend setzen sich einige alte Mitarbeiter auf ein Bier zusammen. Das Gesprächsthema Nummer 1 ist selbstverständlich das un-
einsichtige Verhalten der Neuen! Man ist sich sicher, dass es auch
morgen wieder nach Rauch riechen wird. Und diesmal ist es genug,
dann soll der Abteilungsleiter informiert werden. Als die Kollegen
am nächsten Tag das Großraumbüro betreten, ist die Neue bereits da.
Zwar hängt kein Rauchschleier in der Luft, aber auf ihrem Schreibtisch
liegt ein Feuerzeug. Jetzt reicht's! Die Kollegen informieren wutent-
brannt den Abteilungsleiter, dass die neue Mitarbeiterin sich nicht an
das Rauchverbot halte!

Integration oder
Ausgrenzung
neuer Gruppen-
mitglieder

Auf welcher Eskalationsstufe sehen Sie den Konflikt?

Eskalationsstufe

	1	2	3	4	5	6	7	8	9

Betrachten Sie stets beide Seiten und ihr jeweiliges Verhalten

Aus unserer Sicht haben sich die Fronten zwischen den Parteien bereits mit der ersten Zigarette verhärtet. Als die neue Mitarbeiterin am zweiten Tag zur Rede gestellt wird, versucht sie zunächst, rational zu argumentieren. Ist ein Büro auch eine rauchfreie Zone, wenn keine Nichtraucher anwesend sind? Am dritten Tag stellt sich noch immer keine Entspannung ein. Da die Neue nicht einsichtig ist, sehen sich die Kollegen gezwungen, anders zu handeln. Eine »Zeugenliste« wird erstellt. Außerdem ist man sich im Kollegenkreis sicher, dass ihre neue Kollegin auch am nächsten Tag wieder rauchen wird. Sie gilt als uneinsichtig und provozierend. Eine selbsterfüllende Prophezeiung: Am kommenden Morgen reicht den Kollegen bereits ein Feuerzeug auf dem Schreibtisch aus, um sich bei ihrem Vorgesetzten zu beschweren. Wir sehen den Konflikt auf der vierten Eskalationsstufe.

War Ihre Einschätzung richtig?

Konnten Sie das Eskalationsmodell in den vorangegangenen Übungen zufrieden stellend anwenden? Wenn Sie bei der Einschätzung der Eskalationsstufe unsicher sind, verdeutlichen Sie sich noch einmal die folgenden Überlegungen:

▶ Das 9-stufige Modell stellt aufeinander aufbauende Verschärfungsschritte dar.
▶ Besteht noch die Möglichkeit, dass alle Parteien zufrieden aus dem Konflikt gehen können, befinden sie sich auf den Konfliktstufen 1 – 3.
▶ Ist eine zufrieden stellende Lösung nicht mehr für alle Beteiligten zu erwarten, handelt es sich um Konflikte der Stufen 4 – 6.
▶ Ist für keinen der Beteiligten eine zufrieden stellende Lösung mehr möglich, befinden sie sich bereits auf den Konfliktstufen 7 – 9.

»Auseinandersetzungen sollten nicht damit enden, dass man sich auseinander setzt«

Jakob Fernay, Philosoph

AKTIONSPLAN

Die Konfliktdiagnose

Um eine Basis für eine wirksame Lösung zu schaffen, muss ein Konflikt zunächst erkannt und analysiert werden. Erkennen Sie die verschiedenen Verhaltensmuster der Konfliktbeteiligten? Wie sieht es mit Ihrem persönlichen Konfliktverhalten aus?

1. Verhaltensmuster im Konflikt

Denken Sie an verschiedene Konfliktsituationen aus Ihrem Berufsalltag. Können Sie einzelne Verhaltensmuster identifizieren?

Nein

Ja. Nennen Sie bitte zu jedem Verhaltensmuster ein knappes Beispiel aus Ihrer Praxis:

- Feindseligkeit:

- Intrigantentum:

- Rückzug:

- Widerstand:

- Überkonformität:

Vorschläge zur Lösung des Problems

Seite 80 – 83 ▶ Wenn Sie keine spezifischen Verhaltensmuster identifizieren konnten, lesen Sie noch einmal die Differenzierung der einzelnen Muster nach.

Seite 80 – 83;
Seite 83 – 84 ▶ Wenn Sie Beispiele aufgeführt haben, vergleichen Sie Ihre Nennungen bitte mit den Erläuterungen zu den einzelnen Verhaltensmustern. Welche Problemfelder standen einer Lösung im Wege?

2. Ihr persönliches Konfliktverhalten

Sind Ihnen die Problemfelder bewusst, die Konfliktlösungen häufig im Wege stehen? Wie beurteilen Sie Ihr persönliches Verhalten in ungelösten Konflikten?

● Gehört »Feindseligkeit« zu Ihrem Verhaltensrepertoire? Sind Sie bei ungelösten Konflikten häufig verstimmt, aggressiv und versuchen, Ihre Gegenpartei auch auf »Nebenkriegsschauplätzen« zu diskreditieren?

Nein

Ja

▶ Falls »Ja«: Um eingefahrene Situationen zu meistern, sollten negative Emotionen vermieden werden. Wenn Sie darauf verzichten, Ihren Gegner anzugreifen, wird es diesem leichter fallen, auch Ihnen konstruktiv zu begegnen.

▶Seite 80, 83 – 84; Seite 190 – 191

● Würden Sie sich in Konfliktsituationen hin und wieder als Intrigant bezeichnen? Versuchen Sie, die Gegenseite durch subtile Eingriffe zu behindern oder unglaubwürdig zu machen?

Nein

Ja

▶ Falls »Ja«: Führen Sie sich vor Augen, dass Konflikte nur dann auf Dauer beigelegt werden können, wenn alle Beteiligten mit der Lösung leben können. Um dorthin zu gelangen, müssen die Parteien auf die Ehrlichkeit und die Bereitschaft zur Beilegung vertrauen. Intrigen und andere »Undercover«-Angriffe fördern jedoch auf allen Seiten Misstrauen und behindern jegliche konstruktive Lösung.

▶Seite 80, 83 – 84; Seite 194 – 195

● Ziehen Sie sich in Konflikten eher zurück? Schotten Sie sich gegenüber Ihren Mitmenschen ab, um Konfrontationen aus dem Weg zu gehen?

Nein

Ja

Seite 81, 84◀ ▶ Falls »Ja«: Bedenken Sie, dass durch Ausweichen und Aussitzen ein Konflikt nicht gelöst werden kann. Insbesondere als Vorgesetzter sollten Sie das Problemfeld offensiv (nicht zu verwechseln mit aggressiv) angehen. Forschen Sie nach den Ursachen, diskutieren Sie Lösungsmöglichkeiten und suchen Sie den Dialog mit den Beteiligten.

● Setzen Sie passiven Widerstand als Konfliktstrategie ein? Führen Sie Anweisungen gegebenenfalls unter stillem Protest nur widerwillig und schleppend aus?

Nein

Ja

Seite 81, 83 – 84◀ ▶ Falls »Ja«: Wer hat unter dieser Haltung letztlich zu leiden – der Anweisende oder Sie selbst? Vermutlich werden Sie beide nicht besonders glücklich mit der Situation. Durch Ihren stillen Widerspruch ist der Konflikt nicht bereinigt, vielmehr bürden Sie sich einen Großteil des damit verbundenen Ärgers selbst auf. Für eine konstruktive Beilegung sollten Sie Ihren Widerstand offen nach außen tragen und so eine Diskussion einleiten.

● Reagieren Sie auf ungelöste Konflikte, indem Sie damit verbundene Aufgaben überkonform bearbeiten?

Nein

Ja

Seite 81, 83 – 84◀ ▶ Falls »Ja«: Sie könnten zukünftig versuchen Ihrem Ärger Luft zu machen. Statt Dienst nach Vorschrift zu machen, sollten Sie dem Problem besser direkt begegnen und die Gegenpartei Ihre Haltung nicht nur atmosphärisch und implizit spüren lassen.

Typische Konflikte im Beruf

5

Wann haben Sie sich das letzte Mal so richtig über Ihren Chef oder Ihre Kollegen aufgeregt? Haben Sie das Problem dabei direkt angesprochen, diskutiert und sich anschließend wieder »vertragen«? Falls ja – herzlichen Glückwunsch! Sie haben bewusst oder unbewusst eine gute Lösung mit der anderen Partei gemeinsam herbeigeführt. Und das bringt Sie sicher weiter!

Ziel des Kapitels: Lernen Sie anhand klassischer Streitpunkte, Konflikte richtig einzuschätzen und passende Lösungen zu finden

5.1 Ungelöste Konflikte dämpfen die Stimmung

Konflikte, so haben wir bereits festgestellt, sind wichtig, um die Form unseres Zusammenlebens gelegentlich infrage zu stellen und zu verändern. Allzu harmoniebewusste Kollegen und Jasager können zu einer solchen Fortentwicklung kaum beitragen. »Wir suchen Leute, die widersprechen!«, so lautet die Forderung des Vorstandsvorsitzenden eines großen deutschen Medienkonzerns. Widerspruch wird häufig zu Konflikten führen – das ist die eine Seite. Die andere besteht darin, diesen auch konstruktiv und im Sinne der Beteiligten zu lösen. Gelingt das nur selten oder gar nicht, tragen die verschleppten Konflikte sicher nicht zu Ihrem Wohlbefinden bei. Sie nehmen den Ärger mit nach Hause, tragen ihn in Ihre Familie oder lassen Ihren Freundeskreis darunter leiden.

Mit Störungen in der Zusammenarbeit befassen sich u. a. Ch. Thomann (*Klärungshilfe: Konflikte im Beruf*, 1998) und B. M. Wittschier (*Konflixt und zugenäht*, 1998)

Konflikte sollten ausgetragen werden, um langfristig Ärger und Reibungsverluste zu vermeiden

5.2 Ungelöste Konflikte beeinflussen die Leistung

Konflikte unter Kollegen dämpfen nicht nur die Stimmung, sondern auch die Leistungsfähigkeit. Hinter der fachlichen, rationalen Kulisse stehen häufig Profilierungssucht und Machtstreben. 40 bis 60 % der Arbeitseffizienz gehen in Unternehmen durch diese sozialen Reibungsverluste verloren, so eine Schätzung des Münchener Instituts für Konfliktforschung und Krisenberatung. Um diese Verluste an Zeit, Kraft und Kreativität zu reduzieren, kommt es darauf an, ergebnisorientiert zu kommunizieren und zu streiten.

EXPERTENTIPP

Vermeiden Sie es, Ihren Frust auf Nebenkriegsschauplätzen auszutragen!

Ergebnisorientiert streiten – das bedeutet, nicht des Streites willen zu konfrontieren, sondern zu einem Resultat zu gelangen. Vor diesem Hintergrund müssen Sie wissen, was um Sie herum überhaupt vor sich geht. »Stopp! Was ist hier gerade passiert?« – Stellen Sie diese Frage, wenn Sie in einer hitzigen Diskussion das Gefühl haben, dass es um mehr als den »offiziellen Streitgegenstand« gehen könnte. Lernen Sie, Konfliktsituation gezielt zu analysieren und mit ihnen umzugehen.

5.3 Konflikt-Fallstudien

Auf den nächsten Seiten haben wir Fallbeispiele für typische Konflikte im Arbeitsleben zusammengestellt. Sie alle sind Situationen aus unserer Beratungspraxis, die sich ähnlich zugetragen haben. Im Anschluss an jede Fallstudie finden Sie einen Analysebogen. Er dient als Untersuchungsinstrument für die jeweilige Konfliktsituation. Anhand des

Fallstudien aus dem Berufsalltag

Bogens sind Sie aufgerufen, die Kernpunkte der Streitsituation zu do-kumentieren. Um welche Konfliktart handelt es sich hier? Auf welcher Eskalationsstufe sehen Sie den Konflikt? Wie würden Sie vorgehen, um eine für alle Beteiligten akzeptable Lösung zu erzielen? Unsere Lö-sungsvorschläge lesen Sie ab Seite 120. Der Fragebogen lässt sich selbst-verständlich auch in konkreten Konfliktsituationen in Ihrem Umfeld einsetzen, um den Kern eines Konflikts kurz und transparent heraus-zuarbeiten.

Die Kronprinzen

BEISPIEL

Die Versicherungs-AG sieht sich aufgrund des zunehmenden Wettbe-werbs gezwungen, eine Controllingabteilung zu gründen. Der neu ernannte Controllingchef Herr Christian und sein Gruppenleiter Herr Grunert werden mit der Aufgabe betraut. Herr Christian (57) ist seit vielen Jahren im Rechnungswesen der Versicherung tätig gewe-sen, Herr Grunert (28) hat vor drei Jahren sein BWL-Studium abge-schlossen und ist seitdem bei der Versicherungs-AG. Herr Grunert gilt als designierter Nachfolger für Herrn Christian, wenn dieser in drei Jahren in den Ruhestand treten wird. Beide arbeiten mit fünf weite-ren Mitarbeitern vorrangig an der Struktur eines neuen Computer-basierten Steuerungssystems. Die Einführung des neuen Tools gestal-tet sich kompliziert – Herr Christian entschließt sich, den erfahrenen Fachmann Herrn Meier (32) von einem anderen Versicherungsunter-nehmen einzukaufen. Herr Meier hat bereits einige Erfahrung mit ähnlichen Aufgaben und ist gern bereit, zur Versicherungs-AG zu wechseln. Insbesondere die Tatsache, dass ihm eine mögliche Nach-folge Christians angeboten wurde, sieht er als große Karrierechance. Im alten Unternehmen würde er diesen Schritt erst in 10 oder 15 Jah-ren vollziehen können!

Machen sich zwei Mitarbeiter Hoffnungen auf den gleichen Posten, gibt es meist schnell Krach

Weitere interes-sante Fallstudien bietet E. Crisand in *Methodik der Konfliktlösung* (1999)

Bei Missstim-
mungen unter
den Mitar-
beitern leidet
auf Dauer
die Arbeit

Herr Grunert und Herr Meier arbeiten fortan recht eng zusammen. Die Kommunikation ist zunächst in Ordnung, die Chemie stimmt. Nach einigen Wochen beschleicht Herrn Meier das Gefühl, dass der Controllingchef Herrn Grunert mehr zeigt als ihm selbst. Herr Grunert begleitet Herrn Christian zu wichtigen Präsentationen, während Herr Meier die operative Arbeit vor Ort erledigen muss. Herr Meier stellt Herrn Grunert zur Rede.

Herr Meier: »Herr Grunert, ich werde das Gefühl nicht los, dass Sie von Herrn Christian nach und nach als sein Nachfolger eingeführt werden.«

Herr Grunert: »Ja, und? Das ist auch so vorgesehen. Wo ist das Problem?«

Herr Meier: »Ich habe diesen Job hier angenommen, weil mir die Leitung der Controllingabteilung mittelfristig in Aussicht gestellt wurde.«

Herr Grunert: »Aha!? Das ist mir aber ganz neu. Im Moment bin ich Ihr Vorgesetzter und das wird sich auch so schnell nicht ändern.«

Herr Meier: »Seien Sie da mal nicht zu sicher, mein Lieber!«

Herr Grunert: »Ich glaube nicht, dass Sie in der Position sind, mir drohen zu können!«

Von dieser Stunde an gehen sich die beiden vermeintlichen Rivalen möglichst aus dem Weg. Als ein Tool der Controlling-Software aufgrund eines Fehlers wiederholt nicht produktiv genutzt werden kann, werfen sich die Herren Grunert und Meier im Beisein von Herrn Christian gegenseitig vor, die Fehlentwicklung verursacht zu haben. Herr Grunert wirft Herrn Meier mangelnden Einsatz vor. Dieser kontert Herrn Grunert, indem er ihn als engstirnig und ignorant kritisiert.

Analysebogen »Konflikte«

Konfliktfall:

Wie viele Parteien sind in den Konflikt direkt verwickelt?

Wer sind die Parteien?

Welches sind die »offiziellen« Streitpunkte zwischen den Parteien?

Um was wird wirklich gestritten?

Welche Ziele verfolgen die Parteien?

Konfliktart	Paarkonflikt	Progressionskonflikt	Notizen:
		Zugehörigkeitskonflikt	
		Kommunikationskonflikt	
		Rollenkonflikt	
		Konkurrenzkonflikt	
	Dreieckskonflikt	Koalitionskonflikt	
		Teile-und-herrsche-Konflikt	
	Gruppenkonflikt	Untergruppenkonflikt	
		Herrschaftskonflikt	
		Rangfolgekonflikt	
		Zugehörigkeitskonflikt	
		Substitutionskonflikt	
	Organisationskonflikt	Abteilungsegoismen	
		Konzentrationskonflikt	
Konflikttyp	Heißer Konflikt	Kalter Konflikt	

Eskalationsstufe

    1   2   3   4   5   6   7   8   9

Wie würden Sie vorgehen, um eine für alle Parteien akzeptable Lösung zu erreichen?

Veränderte
Firmenstruk-
turen bringen
die Beziehungen
der Mitarbeiter
oft durcheinander

Alte Privilegien

BEISPIEL

Eine Bank hat sich eine neue Struktur verpasst. Die Betreuung ihrer Geschäftskunden erfolgt künftig nicht mehr dezentral in den einzelnen Filialen, sondern in einem neu gegründeten Kompetenzzentrum. Hier sollen versierte Mitarbeiter des Kreditinstituts auf gleicher Hierarchiestufe ihre Geschäftskunden betreuen. Der Leiter des Kompetenzzentrums, Herr Lehmann, stellt sich sein Wunschteam zusammen. Unter anderem gehören die junge Baufinanzierungsspezialistin Jansen (25) und der erfahrene Banker Färber (58) zu den Auserwählten. Frau Jansen war bisher Kreditsachbearbeiterin. Herr Färber hat eine Filiale mit acht Mitarbeitern geleitet. Er wurde vor die Wahl gestellt, entweder in das neue Zentrum zu wechseln oder in eine Vorruhestandsregelung einzuwilligen. Schon am ersten Tag geraten Frau Jansen und Herr Färber aneinander.

Herr Färber: »Frau Jansen, machen Sie Ihr Protokoll später fertig, ich brauche Sie jetzt. Dieses Exposé muss samt Jahresabschluss kopiert werden. Der Kunde wartet!«

Frau Jansen: »Eines sage ich Ihnen gleich – Sie sind hier nicht mehr in Ihrer Filiale, Herr Kollege! Ihre Sachen müssen Sie schon selbst kopieren. Ich denke, das müssten Sie schaffen!«

Herr Färber: »Junge Frau! Wenn ich Ihnen etwas zum Kopieren gebe, dann kopieren Sie es auch. Und noch etwas: Fürs Denken werden Sie noch nicht bezahlt!«

Frau Jansen: »Wenn Sie den Kopierer suchen, der steht gleich nebenan!«

Herr Färber knallt Frau Jansen dennoch die Unterlagen auf den Schreibtisch und dreht sich wutschnaubend um.

Analysebogen »Konflikte«

Konfliktfall:

Wie viele Parteien sind in den Konflikt direkt verwickelt?

Wer sind die Parteien?

Welches sind die »offiziellen« Streitpunkte zwischen den Parteien?

Um was wird wirklich gestritten?

Welche Ziele verfolgen die Parteien?

Konfliktart	Paarkonflikt	Progressionskonflikt	Notizen:
		Zugehörigkeitskonflikt	
		Kommunikationskonflikt	
		Rollenkonflikt	
		Konkurrenzkonflikt	
	Dreieckskonflikt	Koalitionskonflikt	
		Teile-und-herrsche-Konflikt	
	Gruppenkonflikt	Untergruppenkonflikt	
		Herrschaftskonflikt	
		Rangfolgekonflikt	
		Zugehörigkeitskonflikt	
		Substitutionskonflikt	
	Organisationskonflikt	Abteilungsegoismen	
		Konzentrationskonflikt	
Konflikttyp	Heißer Konflikt	Kalter Konflikt	

Eskalationsstufe

1   2   3   4   5   6   7   8   9

Wie würden Sie vorgehen, um eine für alle Parteien akzeptable Lösung zu erreichen?

Unterschiede in Alter und Erfahrung bergen viel Zündstoff!

Was hat man Ihnen überhaupt beigebracht?

BEISPIEL

Herr Munte (48) ist seit über 30 Jahren in einem mittelständischen Feinmechanikunternehmen beschäftigt. Nach seiner Ausbildung zum Werkzeugmechaniker und vielen Weiterbildungsmaßnahmen gilt Herr Munte heute als Spezialist für Feinmechanik in der Abteilung Sonderkonstruktionen. Dr. Ackermann (32) wurde kürzlich zum Abteilungsleiter Konstruktion ernannt. Ihm untersteht u. a. auch der Bereich Sonderkonstruktionen. Dr. Ackermann ist erst seit einem Jahr im Unternehmen. Als promovierter Ingenieur ist er Fachmann für Materialfragen. Als Abteilungsleiter hat er von der Geschäftsführung den Auftrag erhalten, das Know-how aus dem Sonderkonstruktionsbereich zusammenzutragen. Es soll insbesondere der Serienfertigung zugänglich gemacht werden. Dr. Ackermann ist dabei auf die Kooperation mit Herrn Munte angewiesen. Im Rahmen seiner Überlegungen muss er Herrn Munte häufig nach technischen Details fragen. Fast regelmäßig bekommt er als Antwort: »Haben Sie nicht mal das in Ihrer Universität gelernt? Was hat man Ihnen überhaupt beigebracht?«

Keine Frage – die Stimmung zwischen beiden ist nicht besonders fruchtbar. Dr. Ackermann entschließt sich, künftig weniger freundlich und kollegial zu fragen. Schließlich ist er doch Vorgesetzter von Herrn Munte! Doch das Ergebnis ist für Dr. Ackermann niederschmetternd. »So, Herr Dr. Ackermann – Leute wie Sie kenne ich zur Genüge. Noch grün hinter den Ohren, keine Ahnung was hier im Unternehmen passiert, aber alles besser wissen wollen. Die Sorte ist mir am liebsten. Sie reden mit mir, als wären Sie wirklich mein Chef, aber das können Sie sich abschminken, Sie Papiertiger!«

Analysebogen »Konflikte«

Konfliktfall:

Wie viele Parteien sind in den Konflikt direkt verwickelt?

Wer sind die Parteien?

Welches sind die »offiziellen« Streitpunkte zwischen den Parteien?

Um was wird wirklich gestritten?

Welche Ziele verfolgen die Parteien?

Konfliktart	Paarkonflikt	Progressionskonflikt	Notizen:
		Zugehörigkeitskonflikt	
		Kommunikationskonflikt	
		Rollenkonflikt	
		Konkurrenzkonflikt	
	Dreieckskonflikt	Koalitionskonflikt	
		Teile-und-herrsche-Konflikt	
	Gruppenkonflikt	Untergruppenkonflikt	
		Herrschaftskonflikt	
		Rangfolgekonflikt	
		Zugehörigkeitskonflikt	
		Substitutionskonflikt	
	Organisationskonflikt	Abteilungsegoismen	
		Konzentrationskonflikt	
Konflikttyp	Heißer Konflikt	Kalter Konflikt	

Eskalationsstufe

1   2   3   4   5   6   7   8   9

Wie würden Sie vorgehen, um eine für alle Parteien akzeptable Lösung zu erreichen?

Die da drüben

BEISPIEL

In einem mittelständischen Industrieunternehmen sind rund
300 Mitarbeiter beschäftigt. 250 davon arbeiten im Produktions-
bereich, 50 in der Verwaltung (Controlling, Marketing, Vertrieb und
Personal). Bis vor fünf Jahren waren Produktion und Verwaltung gemeinsam im alten Fabrikgebäude untergebracht. Dann wurde auf
dem gleichen Grundstück ein repräsentatives Bürohaus errichtet,
in das die Geschäftsleitung und die Verwaltung umzogen. Seitdem
sehen sich die Kollegen aus Verwaltung und Produktion nur noch
selten. Die Mitarbeiter sprechen häufig von »denen da drüben«, wenn
sie Kollegen aus dem anderen Bereich meinen. Die Mitarbeiter der
Produktion sehen sich abgewertet: während die »Schlipsträger« im
schönen und komfortablen Neubau residieren, arbeiten sie selbst in
den überholungsbedürftigen alten Hallen. Was früher durch einen
persönlichen Besuch im anderen Bereich geschah, erfolgt heute per
E-Mail oder Telefon. Persönlich vorstellig wird man nur noch, wenn es
sich absolut nicht vermeiden lässt, also bei eklatanten Problemen.

Die Produktionsmitarbeiter sehen keinen Sinn mehr darin, bei
Abweichungen und Schwierigkeiten die Verwaltung zu informieren:
»Bis die hier sind, haben wir das dreimal in den Griff bekommen.«
Die Verwaltungsabteilungen wollen sich wiederum nicht dem Diktat
der Werke unterwerfen. So erkundigt sich der Vertieb nicht mehr
rückversichernd, ob bestellte Produkte auch termingerecht am Lager
sein werden – schließlich stehen doch alle Produktionspläne im PC!

Leider kommt es tatsächlich gehäuft zu Lieferengpässen, für die
die Produktionsabteilung auf Druck des Vertriebs verantwortlich gemacht wird. Das Klima zwischen Vertrieb und Fertigung kühlt sich
noch weiter ab. Waren früher gemeinsame Projektteams zur Produkt-
verbesserung eine feste Instanz, kümmern sich die Abteilungen heute
nur noch um die eigenen, internen Probleme. Die Kundenzufrieden-
heit sinkt, die Umsätze brechen ein, das Ergebnis schmilzt dahin und
die Geschäftsführung steht vor einem Rätsel!

Analysebogen »Konflikte«

Konfliktfall:

Wie viele Parteien sind in den Konflikt direkt verwickelt?

Wer sind die Parteien?

Welches sind die »offiziellen« Streitpunkte zwischen den Parteien?

Um was wird wirklich gestritten?

Welche Ziele verfolgen die Parteien?

Konfliktart	Paarkonflikt	Progressionskonflikt	Notizen:
		Zugehörigkeitskonflikt	
		Kommunikationskonflikt	
		Rollenkonflikt	
		Konkurrenzkonflikt	
	Dreieckskonflikt	Koalitionskonflikt	
		Teile-und-herrsche-Konflikt	
	Gruppenkonflikt	Untergruppenkonflikt	
		Herrschaftskonflikt	
		Rangfolgekonflikt	
		Zugehörigkeitskonflikt	
		Substitutionskonflikt	
	Organisationskonflikt	Abteilungsegoismen	
		Konzentrationskonflikt	
Konflikttyp	Heißer Konflikt	Kalter Konflikt	

Eskalationsstufe

1   2   3   4   5   6   7   8   9

Wie würden Sie vorgehen, um eine für alle Parteien akzeptable Lösung zu erreichen?

Stets gilt es, eine Balance von Vertrauen und Distanz zu finden

Die Skatbrüder

BEISPIEL

Herr Giesecke ist der Gruppenleiter einer Revisionseinheit in einem Automobilkonzern. Ihm unterstehen 22 Mitarbeiter. Zur besseren Kommunikation zwischen Vorgesetztem und Mitarbeitern wurde von Herrn Giesecke die Wahl eines Gruppensprechers eingeführt. Der Gruppensprecher vertritt Herrn Giesecke gegenüber die Interessen seiner Kollegen. Mitarbeiter Mahlmann bekleidet diese Position.

Seit einem Jahr bietet die Sportgemeinschaft des Unternehmens regelmäßig Skatabende an. Herr Giesecke hatte sich damals entschlossen, daran teilzunehmen. Auch zwei seiner Mitarbeiter, die Herren Müller und Mahlmann, nahmen an den Veranstaltungen teil. Die drei Revisoren lernten sich persönlich besser kennen. Aus den regelmäßigen Skatabenden der Sportgemeinschaft entwickelten sich private Kartenabende, gemeinsame Stadienbesuche beim heimatlichen Bundesligaaufsteiger und gegenseitige Einladungen zum Grillen mit den Familien. Um im Kollegenkreis nicht unnötige Aufmerksamkeit zu erregen und Ängste zu schüren, weist Herr Giesecke seine Mitarbeiter darauf hin, dass er geschäftliche Gesprächsthemen zu den privaten Anlässen vermeiden möchte.

Als die Abteilung neue Räumlichkeiten bezieht, wählen Herr Müller und Herr Mahlmann zwei gegenüberliegende Schreibtische im Großraumbüro – gleich neben Herrn Gieseckes Tür. Die Arbeit macht beiden zunehmend Spaß, sie erhalten von ihrem Chef einfach tiefere Einblicke und Hintergrundinformationen, die den übrigen Mitarbeitern häufig verborgen bleiben. Ärgerlich ist nur, dass man von den Kollegen seit neuestem jede Information fast herauspressen muss. Von einem ernsten Streit zwischen Herrn Giesecke und einer Abteilungskollegin erfährt Herr Mahlmann erst von seinem Chef. Ungewöhnlich, denn bisher hatten die Kollegen ihn als Mitarbeitervertreter doch immer vorher eingeschaltet! Bei der nächsten Wahl zum Gruppensprecher erhält Herr Mahlmann nur noch enttäuschende zwei von 22 Stimmen.

Analysebogen »Konflikte«

Konfliktfall:

Wie viele Parteien sind in den Konflikt direkt verwickelt?

Wer sind die Parteien?

Welches sind die »offiziellen« Streitpunkte zwischen den Parteien?

Um was wird wirklich gestritten?

Welche Ziele verfolgen die Parteien?

Konfliktart	Paarkonflikt	Progressionskonflikt	Notizen:
		Zugehörigkeitskonflikt	
		Kommunikationskonflikt	
		Rollenkonflikt	
		Konkurrenzkonflikt	
	Dreieckskonflikt	Koalitionskonflikt	
		Teile-und-herrsche-Konflikt	
	Gruppenkonflikt	Untergruppenkonflikt	
		Herrschaftskonflikt	
		Rangfolgekonflikt	
		Zugehörigkeitskonflikt	
		Substitutionskonflikt	
	Organisationskonflikt	Abteilungsegoismen	
		Konzentrationskonflikt	
Konflikttyp	Heißer Konflikt	Kalter Konflikt	

Eskalationsstufe

1　2　3　4　5　6　7　8　9

Wie würden Sie vorgehen, um eine für alle Parteien akzeptable Lösung zu erreichen?

**Ein neuer Status
verändert die
Beziehungen**

Lehrjahre sind keine Herrenjahre – und dann?

BEISPIEL

Nach seinem Schulabschluss geht Herr Schmidt beim Zahntechniker-
meister Zwickel in die Berufsausbildung. Im Dentallabor fällt Schmidt
positiv durch seinen Lerneifer und seine Geschicklichkeit auf. Zwickel
ist höchst angetan mit den Leistungen seines Auszubildenden und
schickt ihn bereits in der Lehrzeit zu (teuren) Fortbildungen. Meister
und Auszubildender kommen hervorragend miteinander aus. Herr
Zwickel freut sich, dass er Herrn Schmidt so viel beibringen kann. Kein
Wunder also, dass Herr Schmidt nach Bestehen seiner Gesellenprü-
fung eine Festanstellung erhält.

Nach drei erfolgreichen Jahren im Labor möchte der Zahntechni-
ker Schmidt die Meisterschule besuchen. Herr Zwickel begrüßt den
Entschluss und beurlaubt Herrn Schmidt für die kommenden 18 Monate. Im Anschluss, so stellt Herr Zwickel in Aussicht, könnte der künftige Meister zunächst sein Teilhaber und in einigen Jahren sein Nachfolger werden. Das spornt Herrn Schmidt natürlich an! Er beginnt mit
der Meisterschule und hält über die Monate lockeren Kontakt zu
Herrn Zwickel. Nach der sehr erfolgreichen Meisterprüfung kehrt Herr
Schmidt in seinen Ausbildungsbetrieb zurück und macht sich mit
Ehrgeiz, Elan und Ideen an die Arbeit. Als Herr Zwickel – in gewohnter
Manier – Herrn Schmidts Arbeiten kontrolliert und kritisiert, wird
dieser ärgerlich: »Was passt Ihnen denn nicht, Herr Zwickel?! Mit
meinen Arbeiten ist alles in Ordnung!« Zwickel legt die Arbeit leicht
verunsichert ab und geht. Einige Tage später hat Herr Zwickel eine
komplizierte Arbeit angenommen. Er will sie Herrn Schmidt erklären,
damit der nichts falsch machen kann. Dieser fährt ihn jedoch an:
»Glauben Sie, ich hätte noch nie Implantate gemacht?« Herr Zwickel
ist verwundert – was hat der junge Mann bloß? Warum ist er seit
der Meisterschule immer so gereizt? Ist er vielleicht doch nicht der
richtige Nachfolger für sein Labor?

Analysebogen »Konflikte«

Konfliktfall:

Wie viele Parteien sind in den Konflikt direkt verwickelt?

Wer sind die Parteien?

Welches sind die »offiziellen« Streitpunkte zwischen den Parteien?

Um was wird wirklich gestritten?

Welche Ziele verfolgen die Parteien?

Konfliktart	Paarkonflikt	Progressionskonflikt	Notizen:
		Zugehörigkeitskonflikt	
		Kommunikationskonflikt	
		Rollenkonflikt	
		Konkurrenzkonflikt	
	Dreieckskonflikt	Koalitionskonflikt	
		Teile-und-herrsche-Konflikt	
	Gruppenkonflikt	Untergruppenkonflikt	
		Herrschaftskonflikt	
		Rangfolgekonflikt	
		Zugehörigkeitskonflikt	
		Substitutionskonflikt	
	Organisationskonflikt	Abteilungsegoismen	
		Konzentrationskonflikt	
Konflikttyp	Heißer Konflikt	Kalter Konflikt	

Eskalationsstufe

      1   2   3   4   5   6   7   8   9

Wie würden Sie vorgehen, um eine für alle Parteien akzeptable Lösung zu erreichen?

5.4 Lösungsvorschläge zu den Fallstudien

»Die Kronprinzen« – Vorschlag

Konfliktfall:
»Die Kronprinzen«

Wie viele Parteien sind in den Konflikt direkt verwickelt?
Insgesamt drei

Wer sind die Parteien?
Gruppenleiter Grunert, Mitarbeiter Meier und Controllingchef Christian

Welches sind die »offiziellen« Streitpunkte zwischen den Parteien?
• Grunert und Meier sind beide der Meinung, ein Anrecht auf den Posten des Abteilungsleiter zu besitzen
• Gesucht wird der für den Systemfehlstart Schuldige: Grunert wirft Meier vor, zu wenig Engagement an den Tag zu legen
Meier bezichtigt Grunert, durch sein engstirniges Verhalten keine gute Lösung zugelassen zu haben

Um was wird wirklich gestritten?
Wer ist der kompetentere, wer hat Anrecht auf den Posten des Abteilungsleiters?

Welche Ziele verfolgen die Parteien?
• Als künftiger Abteilungsleiter gelten
• Diskreditierung der Gegenpartei vor dem Chef, um diesen zur Unterstützung der eigenen Person zu gewinnen

Konfliktart			Notizen:
	Paarkonflikt	Progressionskonflikt	
		Zugehörigkeitskonflikt	
		Kommunikationskonflikt	
		Rollenkonflikt	
		Konkurrenzkonflikt	
	X Dreieckskonflikt	X Koalitionskonflikt	Den Chef auf die eigene
		Teile-und-herrsche-Konflikt	Seite ziehen!
	Gruppenkonflikt	Untergruppenkonflikt	
		Herrschaftskonflikt	
		Rangfolgekonflikt	
		Zugehörigkeitskonflikt	
		Substitutionskonflikt	
	Organisationskonflikt	Abteilungsegoismen	
		Konzentrationskonflikt	
Konflikttyp	X Heißer Konflikt	Kalter Konflikt	

Eskalationsstufe				X					
	1	2	3	4	5	6	7	8	9

Wie würden Sie vorgehen, um eine für alle Parteien akzeptable Lösung zu erreichen?
Die Initiative muss von Christian ausgehen, denn Grunert und Meier finden untereinander zu keiner Lösung. Dieser sollte Grunert erläutern, dass er zunächst das Anrecht auf die Abteilungsleitung hat, da er länger im Unternehmen ist und auch die Anerkennung der übrigen Mitarbeiter genießt. Meier sollte er mitteilen, dass die Aussicht auf die Abteilungsleitung weiterhin gilt – allerdings nicht schon in drei Jahren, sondern erst später, da Grunert als direkter Nachfolger im Prinzip schon feststeht. Um Bereitschaft zu signalisieren, auch Meier in seiner Karriere zu unterstützen, könnte dieser zum stellvertretenden Gruppenleiter befördert werden.

»Alte Privilegien« – Vorschlag

Konfliktfall:
»Alte Privilegien«

Wie viele Parteien sind in den Konflikt direkt verwickelt?
Zwei

Wer sind die Parteien?
Die Kollegen Jansen und Färber

Welches sind die »offiziellen« Streitpunkte zwischen den Parteien?
• Färber will, dass Jansen für ihn Kopien anfertigt.
• Jansen weigert sich.

Um was wird wirklich gestritten?
• Färber erwartet, dass die jüngere Mitarbeiterin für ihn »Handlangerdienste« erbringt.
• Jansen legt Wert auf die hierarchiefreie Teamzusammensetzung und lässt sich nichts befehlen.

Welche Ziele verfolgen die Parteien?
Färber will Jansen als Untergebene betrachten.
Jansen besteht auf ein kollegiales Verhältnis.

Konfliktart	X Paarkonflikt		Progressionskonflikt	Notizen:
			Zugehörigkeitskonflikt	
			X Kommunikationskonflikt	Färber verfolgt noch immer die für ihn gewohnte Vorgesetzten-Mitarbeiter-Beziehung, die er Jahre lang in seiner Filiale praktiziert hat.
			Rollenkonflikt	
			Konkurrenzkonflikt	
	Dreieckskonflikt		Koalitionskonflikt	
			Teile-und-herrsche-Konflikt	
	Gruppenkonflikt		Untergruppenkonflikt	
			Herrschaftskonflikt	
			Rangfolgekonflikt	
			Zugehörigkeitskonflikt	
			Substitutionskonflikt	
	Organisationskonflikt		Abteilungsegoismen	
			Konzentrationskonflikt	
Konflikttyp	X Heißer Konflikt		Kalter Konflikt	

Eskalationsstufe	X								
	1	2	3	4	5	6	7	8	9

Wie würden Sie vorgehen, um eine für alle Parteien akzeptable Lösung zu erreichen?
Färber und Jansen sollten sich ihre Standpunkte zu einem anderen Zeitpunkt in aller Ruhe erläutern, wenn keine Kunden auf einen der beiden warten. Vielleicht reicht es schon aus, wenn Jansen Färber erläutert, dass sie sich von ihm nicht als gleichwertige Kollegin angesprochen sah. Färber hat offenbar über die Jahre verlernt, anders als der Filialleiter zu seinen Untergebenen zu sprechen. Sollte der Dialog nicht fruchten, scheint es notwendig, einen Vorgesetzten zur Klärung des Verhältnisses hinzuzuziehen.

»Was hat man Ihnen überhaupt beigebracht?« – Vorschlag

Konfliktfall:
»Was hat man Ihnen überhaupt beigebracht?«

Wie viele Parteien sind in den Konflikt direkt verwickelt?
Zwei

Wer sind die Parteien?
Mitarbeiter Munte, Abteilungsleiter Dr. Ackermann

Welches sind die »offiziellen« Streitpunkte zwischen den Parteien?
• Munte hält Ackermann vor, kein Fachwissen zu besitzen.
• Ackermann sieht Munte als desinteressiert und blockierend.

Um was wird wirklich gestritten?
Munte akzeptiert grundsätzlich keinen Vorgesetzten, der jünger als er ist
und nicht auf eine vergleichbare Praxiserfahrung zurückblicken kann.

Welche Ziele verfolgen die Parteien?
• Dr. Ackermann erwartet mehr Respekt und will seine Führungsposition durchsetzen.
• Munte will Ackermann klarmachen, dass er für die Abteilungsleitung ungeeignet ist.

Konfliktart	X Paarkonflikt		Progressionskonflikt Zugehörigkeitskonflikt Kommunikationskonflikt X Rollenkonflikt Konkurrenzkonflikt	Notizen: A. wird von M. nicht als Vorgesetzter aner- kannt, A. erwartet von M. mehr Respekt
	Dreieckskonflikt		Koalitionskonflikt Teile-und-herrsche-Konflikt	
	Gruppenkonflikt		Untergruppenkonflikt Herrschaftskonflikt Rangfolgekonflikt Zugehörigkeitskonflikt Substitutionskonflikt	
	Organisationskonflikt		Abteilungsegoismen Konzentrationskonflikt	
Konflikttyp	X Heißer Konflikt		Kalter Konflikt	

Eskalationsstufe	X								
	1	2	3	4	5	6	7	8	9

Wie würden Sie vorgehen, um eine für alle Parteien akzeptable Lösung zu erreichen?
Ackermann sollte ein klärendes Gespräch mit Munte suchen, in dem er diesem seine Situation schildert. Er muss Munte verdeutlichen, dass er als neuer Abteilungsleiter mit für ihn neuen Aufgaben konfrontiert ist. Er muss Munte klarmachen, dass er ihn als
erfahrenen Spezialisten respektiert. Auf dessen betriebsspezifischen Kenntnisse ist er für die Lösung seiner Aufgabe angewiesen.
Ackermann sollte Munte aber auch mitteilen, dass er dessen herabsetzenden Äußerungen für unfair hält.

»Die da drüben« – Vorschlag

Konfliktfall:
»Die da drüben«

Wie viele Parteien sind in den Konflikt direkt verwickelt?
Zwei

Wer sind die Parteien?
Insbesondere die Abteilungen Produktion und Vertrieb, vermutlich aber nur stellvertretend
für Produktion und Verwaltung allgemein

Welches sind die »offiziellen« Streitpunkte zwischen den Parteien?
Nichteinhaltung von Produktionsplänen, keine Information bei Abweichungen

Um was wird wirklich gestritten?
Tatsächlich scheint sich bei den Produktionsmitarbeitern ein Gefühl von Ungleichbehandlung aufgrund der schlechteren
Unterbringung manifestiert zu haben. Die Unstimmigkeiten werden sicher dadurch verstärkt, dass man die Kollegen aus dem
anderen Bereich nur noch dann sieht, wenn es Probleme gibt.

Welche Ziele verfolgen die Parteien?
• Die Zielvorstellungen dürften auf beiden Seiten noch sehr diffus sein.
• Man spürt die Spannungen und erwartet von der anderen Partei, ihre irgendwie destruktive Haltung endlich aufzugeben.

Konfliktart	Paarkonflikt	Progressionskonflikt Zugehörigkeitskonflikt Kommunikationskonflikt Rollenkonflikt Konkurrenzkonflikt	Notizen:
	Dreieckskonflikt	Koalitionskonflikt Teile-und-herrsche-Konflikt	
	Gruppenkonflikt	Untergruppenkonflikt Herrschaftskonflikt Rangfolgekonflikt Zugehörigkeitskonflikt Substitutionskonflikt	Die Unternehmens- bereiche arbeiten gegeneinander.
	✕ Organisationskonflikt	✕ Abteilungsegoismen Konzentrationskonflikt	
Konflikttyp	Heißer Konflikt	✕ Kalter Konflikt	

Eskalationsstufe		✕							
	1	2	3	4	5	6	7	8	9

Wie würden Sie vorgehen, um eine für alle Parteien akzeptable Lösung zu erreichen?
Offenbar muss die Geschäftsleitung für eine bessere Kommunikationsbereitschaft zwischen Verwaltung und Produktion sorgen.
Eine bauliche Reintegration beider Bereiche erscheint wünschenswert, aber unrealistisch. Über einen Mediator, einen Vermittler,
könnte das Management dafür sorgen, dass allen Mitarbeitern das Vorliegen einer Konfliktsituation deutlich wird. Es sollten
Maßnahmen erörtert werden, die zu einer künftig besseren Zusammenarbeit beitragen können. Hier wäre an regelmäßige inter-
disziplinäre Workshops, ein Betriebssportangebot oder die Einrichtung einer gemeinsamen Kantine zu denken.

»Die Skatbrüder« – Vorschlag

Konfliktfall:
»Die Skatbrüder«

Wie viele Parteien sind in den Konflikt direkt verwickelt?
Zwei

Wer sind die Parteien?
Die Gruppe »Revisionsabteilung« und deren Teilgruppe »Skatbrüder«

Welches sind die »offiziellen« Streitpunkte zwischen den Parteien?
»Offizielle« Streitpunkte sind noch nicht zu Tage getreten

Um was wird wirklich gestritten?
Es lässt sich nur vermuten, dass Müller und Mahlmann von ihren Kollegen nicht als vertrauenswürdige, gleichgestellte Kollegen anerkannt werden. Ihre freundschaftliche Beziehung zum Gruppenleiter könnte störend und abschreckend auf die Kollegen wirken. Man ist sich vielleicht nicht sicher, welche Informationen die beiden an Giesecke weitergeben.

Welche Ziele verfolgen die Parteien?
• Die Teilgruppe Giesecke/Müller/Mahlmann möchte die persönliche Beziehung pflegen.
• Die übrigen Kollegen der Revisionsabteilung fordern eine heterogene Beziehungsebene zum Vorgesetzten für alle Mitarbeiter.

Konfliktart	Paarkonflikt	Progressionskonflikt	Notizen:
		Zugehörigkeitskonflikt	
		Kommunikationskonflikt	
		Rollenkonflikt	
		Konkurrenzkonflikt	
	Dreieckskonflikt	Koalitionskonflikt	
		Teile-und-herrsche-Konflikt	
	X Gruppenkonflikt	X Untergruppenkonflikt	Müller und Mahlmann
		Herrschaftskonflikt	werden nicht mehr als
		Rangfolgekonflikt	gleichgesinnte Mit-
		Zugehörigkeitskonflikt	arbeiter von ihren
		Substitutionskonflikt	Kollegen angesehen
	Organisationskonflikt	Abteilungsegoismen	
		Konzentrationskonflikt	
Konflikttyp	Heißer Konflikt	Kalter Konflikt	

Eskalationsstufe	X								
	1	2	3	4	5	6	7	8	9

Wie würden Sie vorgehen, um eine für alle Parteien akzeptable Lösung zu erreichen?
Problematisch an der Situation ist, dass die beteiligten Parteien sich eines Konfliktes noch gar nicht deutlich bewusst sind. Es ist damit zunächst Aufgabe von Giesecke, den Konflikt heiß werden zu lassen – aber kontrolliert! Die Ängste und Gedanken der Parteien müssen gesammelt werden, um eine zufriedenstellende Lösung herbeizuführen. Da Giesecke Vorgesetzter und Beteiligter zugleich ist, stellt das Konfliktmanagement hohe Anforderungen an ihn. Es könnte ggfs. sinnvoll werden, einen unbeteiligten Dritten als Vermittler einzuschalten. Dieser kann allen Beteiligten den Konflikt vor Augen führen. Ein Vorgesetzter, der sich bereits früher mit der Konfliktproblematik beschäftigt hat, hätte es sicherlich gar nicht erst zu einer derartigen Situation kommen lassen. Hart, aber wahr: als Chef müssen Sie bemüht sein, zu allen Ihren Mitarbeitern ein heterogenes Verhältnis aufzubauen!

»Lehrjahre sind keine Herrenjahre – und dann?« – Vorschlag

Konfliktfall:
»Lehrjahre sind keine Herrenjahre – und dann?«

Wie viele Parteien sind in den Konflikt direkt verwickelt?
Zwei

Wer sind die Parteien?
Die Meister Zwickel und Schmidt

Welches sind die »offiziellen« Streitpunkte zwischen den Parteien?
• Schmidt will nicht, dass Zwickel seine Arbeiten kontrolliert und kritisiert.
• Auch dessen Hinweise und Erläuterungen zur Durchführung einer komplizierten Arbeit weist er zurück.

Um was wird wirklich gestritten?
Schmidt sieht sich von Zwickel bevormundet. Er wehrt sich dagegen, als unwissend und
unselbstständig behandelt zu werden.

Welche Ziele verfolgen die Parteien?
• Zwickel will Schmidt die bestmögliche fachliche Hilfe angedeihen lassen.
• Schmidt möchte Zwickel seine Unabhängigkeit verdeutlichen.

Konfliktart	X Paarkonflikt	X Progressionskonflikt	**Notizen:** Schmidt ist
		Zugehörigkeitskonflikt	nicht mehr Zwickels
		Kommunikationskonflikt	Azubi; der hat dies
		Rollenkonflikt	noch nicht realisiert.
		Konkurrenzkonflikt	
	Dreieckskonflikt	Koalitionskonflikt	
		Teile-und-herrsche-Konflikt	
	Gruppenkonflikt	Untergruppenkonflikt	
		Herrschaftskonflikt	
		Rangfolgekonflikt	
		Zugehörigkeitskonflikt	
		Substitutionskonflikt	
	Organisationskonflikt	Abteilungsegoismen	
		Konzentrationskonflikt	
Konflikttyp	X Heißer Konflikt	Kalter Konflikt	

Eskalationsstufe	X								
	1	2	3	4	5	6	7	8	9

Wie würden Sie vorgehen, um eine für alle Parteien akzeptable Lösung zu erreichen?
Schmidt sollte Zwickel erläutern, dass er sich von ihm noch immer als Auszubildender behandelt fühlt. Inzwischen ist er jedoch
selbst Meister. Für Anregungen ist er immer dankbar, sofern er auch als Gleichgestellter anerkannt wird. Gelingt es Zwickel, sich
künftig auf einer Ebene zu Schmidt zu sehen, steht der angedachten Teilhaberschaft nichts im Wege. Im umgekehrten Fall sollte
Schmidt sich nach einer Alternative umsehen.

AKTIONSPLAN

Erkennen Sie typische Konflikte im beruflichen Alltag?

In diesem Kapitel haben Sie die Konfliktanalyse und -diagnose angewendet. Das, was Sie hier anhand von Beispielfällen trainiert haben, können Sie auch auf echte Konfliktsituationen übertragen. Machen Sie sich ein Bild von dem, was zwischen den beteiligten Parteien vor sich geht. Fragen Sie nach, horchen Sie in sich selbst hinein, beobachten Sie! Eine gute Analyse und Diagnose helfen Ihnen dabei, den richtigen Lösungsweg einzuschlagen.

Praktische Konfliktanalyse und -diagnose

Haben Sie die Fallstudien aus Ihrer Sicht zufriedenstellend lösen können? (Wir möchten dabei betonen, dass Sie keinesfalls zum gleichen Ergebnis gekommen sein müssen! Entscheidendes Kriterium ist, dass Sie Ihr Ergebnis für plausibel halten und sich bei der Analyse und Diagnose sicher fühlen!)

   Ja

Herzlichen Glückwunsch! Sie können Konfliktsituationen jetzt durchleuchten und die Ursachen diagnostizieren. Kopieren Sie sich den Analysebogen dreifach. Setzen Sie ihn für die Analyse von Konflikten an Ihrem Arbeitsplatz ein. Versuchen Sie auch solche Konflikte zu analysieren, an deren Konfrontation Sie nicht beteiligt sind. Legen Sie Ihr Vorhaben in einem Zeitplan (siehe folgende Seite) fest.

Konflikt	innerhalb der kommenden	erledigt bis spätestens:	erledigt am:
1	4 Wochen		
2	6 Wochen		
3	8 Wochen		

☐ Nein

Vorschläge zur Lösung des Problems

Sie fühlen sich noch nicht ausreichend sicher bei der Konflikt-diagnose. Wo sehen Sie Ihre Schwierigkeiten insbesondere?

▶ bei der Zuordnung zu Konfliktarten   ▶ Seite 53 – 71

▶ bei der Zuordnung zu den Konflikttypen heiß und kalt   ▶ Seite 71 – 75

▶ bei der Festlegung der Eskalationsstufe   ▶ Seite 91 – 95

▶ bei der Auswahl möglicher Lösungsansätze   ▶ Seite 96

Lesen Sie unter den entsprechenden Kapiteln noch einmal die einzelnen Diagnosemöglichkeiten nach.

6 Gespräche richtig führen

Ziel des Kapitels:
Um Konflikt-
gespräche zum
Erfolg zu führen,
sollten Sie sich
Grundregeln
der Gesprächs-
führung bewusst
machen

Sie führen täglich eine Vielzahl von Gesprächen. Insbesondere im Geschäftsleben geht es darum, dabei bestimmte Ergebnisse zu erzielen. Sei es ein Geschäftsabschluss, eine Gehaltserhöhung oder die Beilegung eines wilden Streiks. Um in einem Gespräch die eigenen Ziele erreichen zu können, empfiehlt es sich, gewisse Grundregeln zu beachten. Die Orientierung an ihnen unterstützt Sie dabei, Gespräche vorzubereiten, zu führen und nachzubereiten. Die Gesprächsführung beinhaltet vier wesentliche Komponenten:

- ▶ *Gesprächsziele festlegen*
- ▶ *Gespräch vorbereiten*
- ▶ *Gespräch durchführen*
- ▶ *Gespräch auswerten*

6.1 Gesprächsziele festlegen

Vermeiden Sie es, für Sie bedeutsame Gespräche zu beginnen, ohne sich konkrete Ziele zu setzen. Nur wenn Sie wissen wo Sie hin möchten, haben Sie auch eine Chance, etwas zu erreichen. Dabei ist es wichtig, dieses Ziel so genau wie möglich zu ermitteln, um nicht während des Gesprächs darüber nachdenken zu müssen, ob Sie nun das gewünschte Ergebnis erzielt haben oder nicht.

Konkrete und
realistische Ziele
festsetzen

Stecken Sie sich realistische Ziele. Es ist nicht sinnvoll, etwas anzustreben, das kaum erreicht werden kann. Allenfalls aus Motivationsgründen können Sie sich über Erstrebenswertes Gedanken machen. Für das Gespräch sollten Sie erreichbare Ziele ins Auge fassen. Achten Sie darauf, dass Sie auch Ihrem Gesprächspartner die Möglichkeit einräumen, Ziele zu erreichen. Wenn Sie auf Dauer nur für sich selbst das Maximale herausholen, werden die Personen, mit denen Sie häufiger kommunizieren dies erkennen und Ihnen von vornherein mit einer Abwehrhaltung gegenübertreten. Sie wissen dann ja, dass sie von Ihnen kein Entgegenkommen zu erwarten haben. Dies ist in Konfliktsituationen von besonderer Bedeutung. Wenn Sie dauerhaft »win-lose«-Situationen anstreben, wird Ihnen das auf der Beziehungsebene auf lange Sicht Feinde schaffen, die Sie in fortwährende Konfliktsituationen verwickeln können.

Achten Sie bei der Konkretisierung der Ziele darauf, dass Sie diese so formulieren, dass Sie zum einen mit Bestimmtheit sagen können, ob das gewünschte Ziel erreicht wurde und zum anderen eine positive Zielrichtung definieren. Das Ziel, eine möglichst große Gehaltserhöhung für sich selbst durchzusetzen, ist nicht genau genug. Es bleibt die Frage, wie hoch die Gehaltserhöhung sein sollte.

Ein Ziel positiv zu formulieren bedeutet, sich zu verdeutlichen, was man möchte. Die entsprechende negative Formulierung bringt zum Ausdruck, was man nicht möchte und beinhaltet in Konfliktsituationen eher eine Kritik am Gegenüber.

Machen Sie sich klar, was Sie wollen – und was Ihr Gegenüber will

BEISPIEL

Nehmen wir an, Sie haben festgestellt, dass sich eine Ihrer Mitarbeiterinnen im Kundenkontakt nicht so freundlich verhält, wie Sie es für richtig halten. Dann ist es konstruktiv, wenn Sie in dem entsprechenden Gespräch deutlich machen, dass Sie stets auf Kundenfreundlichkeit bestehen und keine Abweichung hiervon akzeptieren. Weniger geeignet ist es, auf das negative Verhalten in der Vergangenheit stärker einzugehen und der Mitarbeiterin zu erläutern, dass Sie nicht wünschen, dass Kunden in Ihrer Filiale unfreundlich behandelt werden.

Eine umfangreiche Darstellung der Thematik finden Sie in *Konstruktiv Gespräche führen* von K. Pawlowski und H. Riebsahm (1998)

**Formulieren Sie
auch Alternativen
und Teilziele**

Überlegen Sie, ob Sie in dem bevorstehenden Gespräch Ihre Ziele vollständig erreichen müssen oder ob es eventuell Etappen gibt, mit denen Sie sich zunächst zufrieden geben könnten. Sie sollten sich bewusst sein, dass es nicht möglich ist, einen Gesprächsverlauf sicher vorherzusagen. Sie sollten sich also einige Alternativen überlegen, die Ihnen helfen könnten, sich Ihren Zielen anzunähern. Häufig werden Sie erst im Gesprächsverlauf weitere Informationen und Einsichten erhalten, die es notwendig machen, sich andere Teilziele zu setzen. Dies wird Ihnen wesentlich leichter fallen, wenn Sie Ihre Oberziele in verschiedene Themen oder Aspekte aufgeteilt haben, die mit diesen in Verbindung stehen. Oft wird es auch ausreichend sein, zunächst einen Schritt in die gewünschte Richtung zu gehen, um dann nach einer gewissen Zeit ans Ziel zu gelangen.

6.2 Gespräch vorbereiten

Nachdem Sie sich Ihrer Ziele bewusst geworden sind, sollten Sie sich überlegen, wie Sie diese am besten erreichen können. Es gibt eine Reihe von Störfaktoren, die im Vorfeld ausgeschaltet werden sollten. Das Gespräch muss an einem geeigneten Ort zu einer passenden Zeit stattfinden. Darüber hinaus ist der Einsatz von Flipcharts oder anderen Hilfsmaterialien eventuell hilfreich. Des Weiteren sollten Sie sich eine Gesprächstaktik überlegen. Sie haben also sowohl organisatorische als auch gesprächstaktische Vorbereitungen zu treffen.

Organisation des Gesprächs

**Ort, Zeit, Teilnehmer und
Hilfsmaterialien
festlegen**

Im Rahmen der organisatorischen Vorbereitung gilt es zu klären, wer sich mit wem, wo und wann trifft und welche Hilfsmaterialien eingesetzt werden sollten.

Gesprächsteilnehmer

Legen Sie fest, wer als Teilnehmer infrage kommt beziehungsweise anwesend sein muss. Überdenken Sie dabei auch die Beziehungen der Gesprächsteilnehmer untereinander. Es kann sein, dass sich bestimmte Konstellationen nachteilig auf den Gesprächsverlauf auswirken. In einer Konfliktsituation sollte man zum Beispiel darauf achten, dass die Konfliktparteien möglichst in vergleichbarer Kopfzahl vertreten sind. Wenn Sie sich zwei »Verbündete« zu einem Gespräch einladen, um einen Konflikt mit einem Vertreter der Gegenpartei auszutragen, dann kann dies dazu führen, dass dieser sich schon durch die zahlenmäßige Überlegenheit der Gegenpartei bedroht fühlt und eine entsprechende Verteidigungsposition einnimmt.

Bereits im Vorfeld eines Gesprächs gilt es, Störfaktoren und Konfliktherde zu beseitigen – sorgen Sie für die richtige Atmosphäre

Gesprächsort

Es ist zu bedenken, dass sich eine ganze Reihe von Faktoren auf den Gesprächsverlauf auswirken können. Hierzu zählt auch das Umfeld. Wird zum Beispiel ein Gespräch fortwährend durch ein klingelndes Telefon gestört, so kann dies die Teilnehmer ablenken. Durch Unterbrechungen können sich außerdem Missverständnisse ergeben. Die Gesprächsteilnehmer könnten sich zudem abgewertet oder zurückgesetzt fühlen. Der Einladende hat nicht dafür gesorgt, dass das Gespräch in einer ungestörten Atmosphäre stattfinden kann. Dies könnte ihnen signalisieren, dass ihm die Unterhaltung nicht so wichtig ist.

Störquellen können sein:

▶ Beleuchtung
▶ Temperatur
▶ Belüftung
▶ Gerüche

▶ Unterbrechungen:
   Telefon,
   Mitarbeiter
▶ Sitzordnung

Sie sollten die Störfaktoren, die für eine negative Gesprächsatmosphäre sorgen und so Ihre Gesprächspartner verärgern oder sie dazu bringen eine Abwehrhaltung einzunehmen, unbedingt vermeiden. Wählen Sie der Gesprächssituation und den Teilnehmern angemessene Räumlichkeiten aus und denken Sie auch an das leibliche Wohl (Kaffee, Tee, Gebäck etc.).

Mit Gesprächsführung beschäftigen sich auch E. Crisand, M. Crisand und A. Adler in *Das Sachgespräch als Führungsinstrument* (1997)

Schon die Wahl der Sitzordnung oder der zeitliche Vorlauf sind wichtig

BEISPIEL

Ein Firmenchef hat in seinem Büro eine teure, repräsentative Couchecke einrichten lassen. Die tiefen und überaus bequemen Ledersessel laden förmlich ein, sich willkommen zu fühlen. Trotzdem fühlen sich viele der Gesprächspartner des Unternehmers unwohl. Weshalb? Der Firmenchef selbst bevorzugt es, seinen Schreibtischstuhl an die Sitzgruppe heranzuziehen. So sitzt er deutlich erhöht über seinen Besuchern, die während des Gesprächs zu ihm heraufsehen müssen. Dies führt dazu, dass die Gesprächspartner des Unternehmers ein deutliches Gefühl von hierarchischer Unterordnung empfinden. Das ist einem offenen, freundlichen Gespräch nicht gerade förderlich.

Es ist also durchaus möglich, allein durch die Sitzordnung die Gesprächsatmosphäre zu stören. Vermeiden Sie es deshalb, sich in solchen Situationen höher zu setzen, sich hinter Ihrem Schreibtisch zu verbarrikadieren oder sich einfach hinzusetzen, ohne dem stehenden Gast einen Platz angeboten zu haben.

Zeitpunkt des Gesprächs

Auch ein ungünstig gewählter Gesprächszeitpunkt kann sich störend auf den Gesprächsverlauf auswirken. Wenn Sie Ihren Gesprächspartner überrumpeln und er sich nicht entsprechend auf das Gespräch vorbereiten kann oder sich in einer Situation befindet, in der er sich nicht frei äußern kann, fühlt er sich eventuell übergangen oder gar angegriffen. Dies wird ihn nicht gerade für Ihre Argumente öffnen. Sie sollten damit rechnen, dass auch Ihre Mitarbeiter nicht immer begeistert sind, wenn Sie kurz vor Feierabend noch ein paar wichtige Dinge mit ihnen besprechen möchten. Es könnte gut sein, dass sie bereits andere Verabredungen getroffen haben, die sie durch ein längeres Gespräch eventuell gefährdet sehen.

Den Gesprächspartner nicht überrumpeln oder zeitlich einengen

Überlegen Sie
sich Ihre Vor-
gehensweise
vorher genau

Verabreden Sie Gesprächszeitpunkte so, dass auch Ihr Gesprächspartner in der Lage ist, sich voll einzubringen. Vermeiden Sie
Verabredungen kurz nach dem Mittagessen, zu einer Zeit also,
in der sich die Leistungsfähigkeit auf einem Tiefpunkt befindet.
Kurze Vorlaufzeiten, die eine Vorbereitung für den Gesprächspartner verhindern, können negativen Einfluss haben.

Gesprächsunterlagen

Visualisierung kann oft hilfreich sein. Komplizierte Sachverhalte lassen
sich schneller, einprägsamer und verständlicher erläutern, wenn Sie
mithilfe entsprechender Grafiken erläutert werden. Außerdem signalisiert eine vorbereitete Arbeitsunterlage, dass Ihnen die Besprechung
wichtig ist. Achten Sie jedoch darauf, dass Sie nicht zu viel Gesprächsunterlagen einsetzen, sodass sich Ihr Gegenüber überfahren fühlt.

Gesprächstaktik

Hier geht es um die Frage, wie Sie sich in dem Gespräch konkret verhalten wollen. Auch dies sollten Sie sich sorgfältig überlegen. Folgende
Fragestellungen gilt es zu überdenken, um eine vernünftige Vorgehensweise bestimmen zu können.

Machen Sie sich noch einmal deutlich, welche Ziele Sie erreichen
möchten!

▶ Mit welchen Zwischenergebnissen würden Sie sich im Gespräch zu-
  frieden geben?
▶ Welche Sachinformationen wollen Sie transportieren?
▶ Wie wollen Sie eine angenehme Gesprächsatmosphäre schaffen?
▶ Welche Ziele möchte Ihr Gegenüber erreichen?
▶ Welche Beziehung haben Sie zu ihm?
▶ Welches Verhalten können Sie aufgrund früherer Erfahrungen er-
  warten?
▶ Wie kann auch Ihr Gegenüber sein Gesicht wahren, wenn Sie Ihre
  Ziele durchsetzen?

»Wenn Sie Ort
und Zeit für ein
Gespräch selbst
bestimmen kön-
nen, sollten Sie
sich fragen: Wo
und wann würde
ich das Gespräch
am liebsten füh-
ren? Wie erlebt
mein Partner
diesen Ort und
diesen Zeitpunkt?«

K. Pawlowski/
H. Riebensahm,
*Konstruktiv Ge-
spräche führen*,
1998

6.3 Gespräch durchführen

Die Spieler sind bekannt, die eigenen Ziele sind festgelegt, Sie sind gut vorbereitet, haben Vermutungen über Absichten und Verhaltensweisen der anderen Beteiligten. Das Gespräch kann seinen Lauf nehmen. Nein, natürlich nicht. Sie sollten das Gespräch führen und nicht einfach an sich vorbeilaufen lassen. Nur so haben Sie eine Chance, Ihre Taktik auch umzusetzen. Um einen so komplexen Sachverhalt wie ein Gespräch sinnvoll erfassen zu können und damit steuerbar zu machen, ist es notwendig, ihn in mehrere Phasen aufzuteilen. Die einzelnen Gesprächsphasen sind leichter zu überschauen und zu managen:

▶ Gesprächseröffnungsphase
▶ Zielorientierungsphase
▶ Argumentationsphase
▶ Abschlussphase

Anhand dieser Aufteilung führen Sie dann das Gespräch. Sie sollten Ihre Gesprächspartner zunächst freundlich begrüßen und sie gegebenenfalls einander bekannt machen. Gerade die Gesprächseröffnung verlangt ein viel stärkeres Eingehen auf den Gesprächspartner, als dies im weiteren Verlauf der Fall ist. Mit einer negativen Stimmung können Sie nur selten eine positive Entscheidung auslösen. Bauen Sie daher vom ersten Augenblick an eine Atmosphäre auf, die von einer positiven Grundhaltung gekennzeichnet ist.

In der Argumentationsphase sollten Sie nicht überreden, sondern überzeugen. Bevorzugen Sie Ich-Botschaften, hören Sie aktiv zu. Setzen Sie Gestik und Mimik gewählt und bewusst ein, um Ihre verbalen Äußerungen zu unterstreichen. Stellen Sie sich auf den bevorzugten Kommunikationsstil Ihrer Gesprächspartner ein, um deren Verhalten richtig einordnen zu können. Das professionell geführte Gespräch endet in einer Abschlussphase. In ihr geht es darum, das Gesagte oder auch bereits ein Ergebnis gemeinsam festzuhalten. Geben Sie einen Ausblick, vereinbaren Sie konkrete Maßnahmen. Dies sorgt für Verbindlichkeit und untermauert Ihren Willen, auch weiterhin konstruktiv zu kooperieren.

Bevor Sie sich jedoch mit den Inhalten dieser Phasen genauer beschäftigen, sollten Sie sich noch mit einigen grundlegenden Techniken der Gesprächsführung vertraut machen.

Verständlichkeit

Die erste Voraussetzung für die Erreichung der Gesprächsziele ist, kommunizieren zu können. Das ist schwerer als es sich anhört. Wie oft haben Sie schon Monologe verfolgt, bei denen eigentlich nie richtig klar wurde, was der Absender eigentlich ausdrücken wollte? Haben Sie auch schon mal während eines Gesprächs innerlich abgeschaltet? Das darf Ihnen als Redner nicht passieren! Folgen Sie den grundsätzlichen kommunikativen Leitlinien:

▶ Verständlich ausdrücken: Vermeiden Sie lange verschachtelte Sätze. Den Wortschatz sollte der Empfänger mit absoluter Sicherheit verstehen. Sätze kompliziert zu gestalten sorgt höchstens für Missverständnisse oder Verunsicherung. Kurze Sätze mit einer angepassten Wortwahl bringen Sie Ihrem Ziel näher!

▶ Gedanken ordnen: Komplizierte Sachverhalte kann Ihr Gegenüber nur verstehen, wenn Sie ihm einen roten Faden anbieten. Ordnen Sie Ihre Gedanken. Geeignete Formulierungen sind z.B.
  – »Mir geht es darum darzustellen, dass …«
  – »Dabei ist mir besonders wichtig …«
  – »Zusammenfassend ergibt sich der Sachverhalt: …«

▶ Nicht »Drumherumreden«: Reduzieren Sie Ihre Aussagen auf die Dinge, die Sie in der Gesprächsvorbereitung als wichtig erachtet haben. Hören Sie Ihrem Gegenüber genau zu, um festzustellen, welche Themen interessieren und welche Ihrer Aussagen angekommen sind. Wiederholen Sie sich nur, wenn Sie Ihr Gegenüber nicht verstanden hat. Weichen Sie nicht auf Themen aus, die nicht Gegenstand der Besprechung sind oder sein sollten.

▶ Pepp und Glanz: Prägnante Schilderungen in angemessener Sprache und mit einer deutlichen Strukturierung helfen Ihnen, alle Sachverhalte zu transportieren. Ist das Thema dann allerdings noch etwas trocken, laufen Sie Gefahr Ihr Gegenüber einschlafen zu

Formulieren Sie Ihre Gedanken verständlich, direkt und farbig

»Mache die Dinge so einfach wie möglich, aber nicht einfacher«

Albert Einstein, Physiker

sehen. Denken Sie an die Worte von *Antoine de Saint-Exupéry*: »Wenn du ein Schiff bauen willst, so trommle nicht die Männer zusammen, um Holz zu beschaffen, Werkzeuge vorzubereiten und Aufgaben zu vergeben, sondern lehre die Männer die Sehnsucht nach dem endlosen Meer.« Es geht nicht nur um Inhalte, sondern auch um Emotionen. Binden Sie Ihr Gegenüber mit ein, indem Sie ihn zum Nachdenken bringen und seine Begeisterung wecken. Holen Sie ihn an der Stelle ab, an der er emotional steht und bringen Sie ihn dorthin, wo Sie ihn haben möchten. Bauen Sie Metaphern und Bilder in Ihre Schilderung ein, die helfen den Sachverhalt zu transportieren und eine positive, emotionale Grundeinstellung zu den Fakten zu schaffen. Visualisieren Sie die Fakten!

Sprachstil

Der Ton macht die Musik: Neben der sachlich korrekten Darstellung sollten Sie von Zeit zu Zeit reflektieren, ob Sie die richtigen Sinninhalte transportieren und sich dabei einer angemessenen Sprechtechnik bedienen.

Sinninhalte richtig zu transportieren, heißt neben dem Sachaspekt der Äußerung auch die Beziehungs-, Selbstoffenbarungs- und Appellseite nicht aus den Augen zu verlieren. Insbesondere sollten Sie darauf achten, nicht ausgerechnet das implizit zu formulieren, was Sie explizit aussagen möchten. Lesen Sie dazu gegebenenfalls noch einmal im ersten Kapitel nach!

Sprechen Sie deutlich, in angemessenem Tempo und in der richtigen Lautstärke. Wenn Sie gelegentlich Rückfragen erhalten, weil Sie nicht verstanden wurden, versuchen Sie herauszufinden, woran es gelegen hat. Neigen Sie zu schnellem Sprechen, dann versuchen Sie bewusst Pausen beim Reden einzulegen. Neben den Verständnisproblemen führt schnelles Sprechen (eventuell gepaart mit einer leisen Stimme) dazu, dass Sie unsicher wirken. Mit bewusst eingelegten Pausen drosseln Sie Ihr Tempo, haben die Möglichkeit, Ihre Lautstärke zu kontrollieren und erlangen darüber hinaus in der Regel einen psychologischen Vorteil. In schwierigen Phasen eines Gespräches stellen Sie einfach eine Frage in den Raum und warten ab. Anstatt in die Äußerung unstrukturierter Gedanken abzurutschen, die eventuell mit einer falschen Sprechtechnik geäußert werden.

Ebenso sollten Sie aber auch zu langsames oder zu lautes Sprechen vermeiden. Langsames Sprechen langweilt und ermüdet die übrigen Personen. Zu lautes Sprechen schüchtert die Gesprächspartner eventuell ein und lässt sie eine Abwehrhaltung einnehmen, die eine konstruktive Konfliktlösungsstrategie behindern würde.

Gesprächsklima

Eine gute Argumentation kann nur dann auf fruchtbaren Boden fallen, wenn Sie diesen entsprechend vorbereitet haben. Sie müssen glaubwürdig sein und eine emotionale Aufgeschlossenheit erzeugt haben. Gerade in der Anfangsphase eines Gespräches ist es wichtig, eine persönliche Ebene zu erreichen. Dies sichert Ihnen die Bereitschaft Ihres Gegenübers Ihre Argumentation nachzuvollziehen. Beobachten Sie während des ganzen Gesprächs Sitzhaltung, Tonfall und Wortwahl Ihres Gegenübers, um Veränderungen der Beziehungsebene rechtzeitig zu registrieren.

Vermitteln Sie Ihrem Gesprächspartner eine positive Grundeinstellung, indem Sie ihn ernst nehmen und dies auch kommunizieren. Vermeiden Sie es hierzu, unnötige negative Aussagen über den Gesprächspartner zu treffen. Sie könnten die Beziehung zu ihm belasten und das Gespräch negativ beeinflussen. Verwenden Sie statt dessen positive Ich-Aussagen.

▶ Statt: »Was Sie hier entwickelt haben, ist wirklich absolut nicht zu gebrauchen.«
▶ Besser: »Ich halte es für notwendig, dies zu überarbeiten, da die Ergebnisse den Anforderungen noch nicht genügen.«

Befriedigen Sie sein Bedürfnis nach Selbstachtung und Anerkennung, indem Sie ihn aufwerten.

▶ »Ihre Idee mit dem neuen Planungsprozess finde ich sehr gut.«
▶ »Herr Meyer, was Sie eben in Bezug auf die Rollendynamik gesagt haben, finde ich sehr wichtig.«

Sorgen Sie beim anderen für eine positive Grundeinstellung

Zur Vorbereitung und Durchführung schwieriger Gespräche empfiehlt sich die Lektüre von Jane Hodgsons *Das souveräne Verhandlungsgespräch* (1998)

Seine Macht zu
demonstrieren
provoziert eine
Blockadehaltung
beim Gesprächs-
partner

Wenn es nicht unbedingt notwendig ist, vermeiden Sie Formulierungen, die – wenn gegeben – Ihre Machtposition zum Ausdruck
bringen. Befehlsjargon oder andere Machtdemonstrationen provozieren eine Blockadehaltung, die oft nicht hilfreich ist. Vermeiden Sie also
Aussagen wie:

▶ »Jetzt sind Sie an der Reihe. Liefern Sie Ihren Beitrag jetzt!«
▶ »Das habe ich aber schon mal viel besser von Ihnen gesehen.«
▶ »Meyer, haben Sie gut gemacht!«

Das Selbstwertgefühl Ihrer Mitarbeiter können Sie steigern, wenn
Sie Ihnen sagen, dass Sie mit ihrer Leistung zufrieden sind. Sollten Sie
dies vor anderen Personen tun, stärkt dies zudem ihre soziale Stellung.
Achten Sie jedoch darauf, dass Sie durch das Loben des einen nicht
einen anderen zurücksetzen, der an dieser Stelle unter Umständen
auch ein Lob von Ihnen erwartet hätte.

Zu einer fairen Gesprächsführung gehört es auch, dem Gesprächspartner ausreichend Zeit für die Entwicklung eigener Gedankengänge
zu lassen. Gestehen Sie ihm eine eigene Meinung zu, ausreichend Zeit
sich diese zu bilden und Sie zu kommunizieren. Zeigen Sie Interesse an
dieser, besonders an den Teilen, mit denen Sie übereinstimmen. Bringen
Sie dies auch zum Ausdruck. Dadurch erzeugen Sie in Ihrem Mitarbeiter
ein Unabhängigkeitsgefühl, das ihn bestärkt und ihn dazu veranlasst,
offen mit Ihnen zu kommunizieren.

Sie sehen also, es ist wichtig, die Gesprächsanteile angemessen zu
verteilen, um ein gutes Gesprächsklima zu erzielen. Dazu gehört zum
einen, zu erkennen wann Ihr Gegenüber etwas sagen möchte, zum anderen aber auch, sich selbst entsprechende Anteile zu sichern. Wenn Sie
bewusst darauf achten, wird es Ihnen nicht schwer fallen zu erkennen,
wann Ihr Gesprächspartner etwas sagen möchte:

▶ Sein Kopfnicken wird schneller.
▶ Er streut zunehmend Floskeln wie »also«, »ja«, »aber«, »schon«
   etc. ein.
▶ Er lehnt sich nach vorn in Ihre Richtung.

Bemühen Sie sich auch wahrzunehmen, wann Ihr Opponent von Ihnen
einen Beitrag erwartet:

▶ Er legt eine längere Redepause ein.
▶ Er lehnt sich zurück.
▶ Am Ende des letzten Satzes senkt er seine Stimme relativ stark ab.

Manchmal kann es aber auch sinnvoll sein, den Gesprächspartner zu bremsen: zum Beispiel, wenn es sich um einen Vielredner handelt. Deren Gesprächsbeiträge beinhalten nämlich den Nachteil, dass die Zuhörer sich nicht sehr lange auf den Inhalt des Gesagten konzentrieren und die Lust an der gesamten Unterredung verlieren können. In einer solchen Situation kann es durchaus notwendig sein, den Redefluss zu unterbrechen:

▶ Der harte Weg:
»Stop, stop, stop … an dieser Stelle kann ich nicht mehr folgen.«
▶ Die einfühlsame Variante:
Fassen Sie Ihr Gegenüber auf den Unterarm und sprechen Sie es mit ruhiger Stimme an: »Entschuldigen Sie bitte, dass ich Sie an dieser Stelle unterbrechen muss.«

Diese Unterbrechung ist für Ihren Gesprächspartner sehr unangenehm. Wenn möglich, sollten Sie diese Situationen vermeiden.
Auch Missverständnisse sollten Sie vermeiden, indem Sie sich von Zeit zu Zeit fragen, ob Sie das bislang Gesagte auch richtig interpretiert haben. Dies zeigt Ihrem Gegenüber, dass Sie sich darum bemühen, seinen Aussagen zu folgen und auch daran interessiert sind, ihn richtig zu verstehen. Überlegen Sie, wie Sie sich selbst fühlen, wenn jemand offensichtlich Interesse an Ihrer Meinung bekundet! Dies wertet den Sprecher in jedem Fall auf.

▶ »Wenn ich Sie richtig verstanden habe, dann sehen Sie den Sachverhalt so, dass …«
▶ »Wenn ich kurz wiederholen darf. Sie möchten …«

Geben Sie mit Ihren eigenen Worten das Gesagte wieder und bitten Sie um eine Stellungnahme.

Jedem Teilnehmer angemessen Zeit einzuräumen, erfordert viel Feingefühl

»Jedem Wettbewerb oder Spiel liegt eine Taktik zugrunde: Ein Läufer teilt seine Kräfte über die Strecke ein, Schachspieler bewegen bestimmte Figuren vor anderen«

Jane Hodgson, Management-Trainerin, in *Das souveräne Verhandlungsgespräch*, 1998

Eine sachliche Debatte benötigt eine sachliche Atmosphäre – glätten Sie Emotionen gemeinsam

Entgleisungen der Atmosphäre

Wenn die Stimmung doch abzugleiten droht, regen Sie an gemeinschaftlich nach der Ursache zu suchen. Bedenken Sie: Wenn die Emotionen aufgeschaukelt sind und die ersten verbalen Attacken kommen, können Sie mit einer sachorientierten Argumentation nicht mehr viel bewegen. Legen Sie daher immer großen Wert auf eine stabile Gesprächsatmosphäre. Sie können einem Umschwenken der Atmosphäre entgegenwirken, indem Sie diese selbst zur Diskussion stellen:

▶ »Ich habe das Gefühl, dass es sich nicht mehr um eine sachliche Diskussion handelt. Wir sollten zunächst die Spannungen in unserer Runde klären.«

▶ »Ich empfinde den Gesprächston nicht mehr als angemessen.«

▶ »Stopp, was passiert hier jetzt gerade? Wir diskutieren nicht mehr sachlich.«

Machen Sie die Diskussion innerhalb der Gesprächsrunde zum Thema. Diese Vorgehensweise – Metakommunikation genannt – hilft Ihnen, die Beziehungen zwischen den Gesprächsteilnehmern zu klären und vermeidet ein weiteres Aufschaukeln der Emotionen. Versuchen Sie gemeinsam die Ursachen für den ungewünschten Gesprächsverlauf zu finden. Vermeiden Sie dabei Schuldzuweisungen:

▶ »Herr Meyer, Sie haben vorhin einen sehr aggressiven Ton angeschlagen.«

Dies aktiviert die Beziehungsebene nur noch intensiver. Arbeiten Sie konstruktiv auf eine Verbesserung der Situation hin:

▶ »Wir sollten zukünftig Provokationen vermeiden.«

▶ »Wenn noch andere Sachverhalte die Reaktionen in der Gesprächsrunde negativ beeinflussen, sollten wir diese zunächst aus dem Weg räumen.«

Schuldzuweisungen vermeiden, konstruktive Diskussionsbeiträge fördern

Achten Sie jedoch darauf, dass nicht alle Gesprächsrunden so gesteuert werden. Diskussionsrunden könnten leicht zu Selbsterfahrungsrunden werden. Sind atmosphärische Entgleisungen die Regel, kann eine straffere Gesprächsführung hilfreich sein.

Vermeiden Sie atmosphärische Entgleisungen, die als Gesprächs-killer unangenehmste Wirkungen entfalten können. Hier finden Sie eine Checkliste »beliebter« Fehler, die auf Dauer auch die angenehmste Stimmung belasten werden:

▶ Intensives Rauchen, ohne zu fragen, ob dies den übrigen Gesprächs-teilnehmern recht ist
▶ Endlos reden, ohne zuzuhören
▶ Den Gesprächspartner ständig unterbrechen
▶ Unpünktlichkeit
▶ Permanentes Bagatellisieren oder Dramatisieren
▶ Vorwürfe, moralische Appelle
▶ Befehlston, Drohungen
▶ Penetrantes Ausfragen und Dirigieren
▶ Mit den Händen in den Hosentaschen präsentieren oder auch kom-mentieren
▶ Unpassende Witze oder schlicht das Bemühen, überaus witzig zu sein

Fragetechnik

Wer fragt führt. Nicht immer wird es notwendig und richtig sein, ein Gespräch durch eine gezielte Fragetechnik zu steuern. Aber wer nicht fragt, sollte sich nicht wundern, wenn er seine Ziele in einem Gespräch nicht durchsetzen kann.

Von elementarer Bedeutung sind Verständnisfragen. Lassen Sie es nicht zu, dass ein Konfliktgespräch seinen Fortgang nimmt, obwohl Sie einen bestimmten Sachverhalt nicht verstanden haben. Sie sind dann gezwungen zu argumentieren, ohne zuvor genannte Punkte richtig verstanden zu haben und bringen sich so in eine sehr schlechte Positi-on. Wenn Sie etwas nicht verstehen, stoppen Sie das Gespräch.

▶ »Was verstehen Sie unter …?«
▶ »Was meinen Sie mit …?«
▶ »An welche Vorteile denken Sie konkret?«

Viele Fehler geschehen nur aus Unachtsamkeit

»Wenn über das Grundsätzliche keine Einigkeit besteht, ist es sinnlos, mit-einander Pläne zu schmieden«

Konfuzius, chin. Philosoph

Bei unklaren Punkten sollten Sie nachhaken

Sie vermeiden so nicht nur, mit einem schlechten Gefühl argumentieren zu müssen. Sie stellen auch sicher, dass sich Ihr Gegenüber genau auf den Sachverhalt konzentriert, der für Sie wichtig ist. Zudem werden Missverständnisse vermieden, die den Fluss eines Gespräches stören könnten.

BEISPIEL

Der neue Filialleiter Herr Knutsen bittet in einer Gesprächsrunde seinen Mitarbeiter Herrn Söhnke darzustellen, warum sich in den letzten Tagen einige Kunden über einen nicht funktionierenden Automaten beschwert haben, der von Herrn Söhnke betreut wird.

Herr Söhnke: »Der Papersupplier war nicht funktionsfähig. Ich konnte dies aber umgehend beseitigen«. Herr Knutsen, der sich mit den Automaten in diesem Geschäftsbereich noch nicht auskennt, lässt sich mit dieser Aussage jedoch nicht abspeisen. Herr Knutsen: »Herr Söhnke, könnten Sie mir bitte erläutern, was sich hinter dieser Bezeichnung verbirgt und ob bereits Maßnahmen festgelegt wurden, die einen solchen Ausfall verhindern?« Herr Knutsen: »Nun, das ist das Vorratsfach für die Vordrucke, auf denen der Automat die Belege für die Kunden druckt. Es ist vorgesehen, dass ich morgens immer prüfe, ob der Bestand an Vordrucken noch ausreichend ist. Allerdings hat es in der Vergangenheit fast immer ausgereicht, wenn ich jeden zweiten Tag nachgesehen habe und weil soviel zu tun war, dachte ich...«

EXPERTENTIPP

Versuchen Sie, die Situation so weit wie notwendig aufzuklären

Lassen Sie sich nichts vormachen. Fragen Sie nach, wenn Sie etwas nicht verstehen. Seien Sie hartnäckig! So bleiben Sie Herr der Lage. Dies gilt für alle nicht belegten sogenannten Fakten, nicht begründeten Behauptungen oder auch Fachbegriffe, die nicht erläutert werden.

Nicht weniger reizvoll ist der Einsatz von Suggestivfragen. Diese lenken das Gegenüber in eine bestimmte Richtung und können so helfen, den Gesprächsverlauf zu steuern. Allerdings birgt die Verwendung auch Gefahren. Durchschaut der Gesprächspartner die versuchte Manipulation wird er im weiteren Verlauf des Gesprächs Abwehrreaktionen zeigen. Gehen Sie also sparsam mit Suggestivfragen um.

Verwenden Sie Suggestivfragen bewusst, aber behutsam

▶ »Wollen Sie nicht auch höhere Gewinne erzielen?«
▶ »Möchten Sie etwa riskieren, dass …?«
▶ »Sind Sie nicht auch der Meinung …?«

Darüber hinaus ist es in einer Auseinandersetzung wichtig zu erfahren, wie die andere Seite den Sachverhalt beurteilt. Sie müssen also möglichst viele Informationen von Ihrem Gegenüber erhalten. Stellen Sie hierzu offene Fragen. Sie erlauben es dem Antwortenden, seine Aussagen frei zu gestalten. Die notwendigen Inhalte der Antwort werden lediglich grob vorgegeben:

▶ »Wie beurteilen Sie den Sachverhalt?«
▶ »Was hat Sie dazu bewegt …?«
▶ »Worin sehen Sie die Gründe für …?«

Offene Fragen signalisieren Ihr Interesse und liefern Ihnen eine Menge Informationen. Allerdings besteht auch die Gefahr, dass sich das Gespräch in eine andere als die gewünschte Richtung bewegt. Über geschlossenen Fragen, die den Antwortraum stark einschränken, können Sie das Gespräch besser steuern.

»Wer richtig fragt, der führt«

Crisand/ Crisand/Adler in *Methodik der Konfliktlösung*, 1997

▶ »Sehen Sie den Punkt nicht auch als wichtig an?«
▶ »Wollen Sie an der Entwicklung teilhaben?«

Strukturieren Sie nun die Gesprächsdurchführung anhand der einzelnen Phasen:

Finden Sie über
einen unverfäng-
lichen Einstieg
eine gemeinsame
Ebene und stellen
Sie den Anlass dar

Gesprächseröffnungsphase

Zu Beginn des Gesprächs ist es sehr wichtig, schnell eine gemeinsame Ebene zu finden. Die persönliche Ebene ist notwendig, um nicht unnötig Abwehrmechanismen zu provozieren. Sie sollten bedenken, dass Ihr Gesprächspartner selbst mit bestimmten Erwartungen und Emotionen in das Gespräch geht. Versuchen Sie, sich bereits in der Eröffnungsphase auf Ihr Gegenüber einzustellen. Dies gelingt oft dann, wenn Sie einen »Gesprächsaufhänger« haben:

▶ »Wie war denn Ihr Urlaub in der Toskana?«
▶ »Geht es Ihrer Jüngsten wieder besser?«
▶ »Erzählen Sie, wie fährt sich denn Ihr neuer Wagen?«

Haben Sie keine Anknüpfungspunkte aus bisherigen Gesprächen, empfiehlt es sich, eine Frage allgemeiner Natur zu stellen. Die Frage muss jedoch angebracht erscheinen. Sind Sie an der Antwort überhaupt nicht interessiert, merkt das ein aufmerksamer Gesprächspartner.

▶ »Haben Sie leicht her gefunden?«
▶ »Hatten Sie noch Gelegenheit zu frühstücken?«
▶ »Gefällt es Ihnen bei uns?«

Derartige Fragen können auch negativ wirken, wenn Ihr Gesprächspartner beispielsweise unter hohem Zeitdruck steht und am liebsten sofort zur Sache kommen würde! Achten Sie auf seine Signale und seien Sie flexibel.

Zielorientierungsphase

In diesem Gesprächsabschnitt wird es Zeit, den Gesprächsgrund darzulegen. Erläutern Sie Ihrem Partner, weshalb er heute hier ist und was Sie sich von dem gemeinsamen Gespräch erhoffen.

Argumentationsphase

Die Argumentationsphase bildet das Kernstück des Gesprächs. In ihr wird sich zeigen, wie gut Ihre inhaltliche Vorbereitung tatsächlich war. Ziel einer richtigen Argumentation ist die Beeinflussung von Einstellung und Verhalten Ihrer Gesprächspartner.

Überzeugen statt Überreden

Überreden Sie sie nicht, sondern überzeugen Sie. Durch ein Gespräch mit guten, nachvollziehbaren Argumenten, Offenheit und Kompromissbereitschaft erzielen Sie positive Wirkungen auf der Sach- und Beziehungsebene – und kommen zum Ziel! Versuchen Sie aber, einen Gesprächspartner zu überreden, wirkt sich Ihr Bemühen mittelfristig negativ auf beide Ebenen aus. Ihr Gegenüber fühlt sich überrannt, emotional unter Druck gesetzt und zeigt Abwehrreaktionen. Das vergiftet die Gesprächsatmosphäre.

BEISPIEL

Einer Ihrer Kollegen versucht Sie dazu zu bringen, ihm für einen unabsichtlich begangenen, aber äußerst folgenschweren Fehler ein »Alibi« zu geben: »Na los, springen Sie doch einmal über Ihren eigenen Schatten! Um der Freundschaft willen – lassen Sie mich doch jetzt nicht hängen!«

Diese Argumentationsweise wirkt sich negativ auf die Gesprächsatmosphäre aus. Deshalb überzeugen, anstatt zu überreden – so können alle Beteiligten auch langfristig gut zusammenarbeiten.

»Wenn du die Wahrheit sagst, gibt es nichts, was du im Kopf behalten müsstest«

Mark Twain, amerik. Schriftsteller

Ihre Argumente sollten nachvollziehbar und gut durchdacht sein

Drei Erfolgsfaktoren guter Argumentation

Die Fähigkeit, erfolgreich zu argumentieren, ist nicht angeboren, sondern muss trainiert werden. Die Verinnerlichung der drei Faktoren roter Faden, Argumentationsplanung und Argumentationsfiguren ist dabei entscheidend.

Der rote Faden

Um einer Argumentation folgen zu können, muss sie nachvollziehbar kommuniziert werden. Sie sollte einem roten Faden folgen, das heisst in einer verständlichen Reihenfolge aufgebaut sein. Dadurch können Sie verhindern, dass Sie oder Ihre Zuhörer gedanklich abschweifen und das Kernthema aus den Augen verlieren. Vermeiden Sie Aussagen, die zum Verständnis Ihrer Argumentation nicht unmittelbar beitragen.

Argumentationsplanung

Um Ihre Argumentation schlüssig und deutlich wirken zu lassen, sollten Sie sich Zeit für deren Vorbereitung nehmen. Als Orientierung dienen die folgenden Fragen:

▶ Welche Argumente können Sie anführen?
▶ Mit welchen Gegenargumenten ist zu rechnen?
▶ Wie können Sie diese entkräften?
▶ Welche Argumentationsfiguren und -techniken wollen Sie einsetzen?
▶ Ist der Einsatz von Hilfsmitteln (Diagramme, Berechnungen, Auswertungen etc.) sinnvoll?

Argumentationsfiguren

Argumentationsfiguren verdeutlichen modellhaft, wie Argumente verknüpft werden können, um sie nachvollziehbar zu einer Gesamtaussage zusammenzufügen. Aus der breiten Auswahl von Argumentationsfiguren möchten wir Ihnen zwei kurz vorstellen.

Die Kette und die Dialektik

Die Kette

Ihre Argumente werden wie die Perlen einer Kette aneinandergereiht und durch den roten Faden verbunden. Die Aussage wird klar strukturiert. Der Aufbau orientiert sich an der Nachvollziehbarkeit der einzelnen Argumente und erfolgt in der Regel so:

1. These vorbringen
2. stützendes Argument 1
3. stützendes Argument 2

Ein Gesprächspartner kann bei dieser Architektur zwischen Ihrer subjektiven These und den Sachargumenten deutlich unterscheiden. Die These wird durch die Argumentationsführung nach und nach objektiviert und wird vom Gegenüber eher akzeptiert und übernommen.

Dialektik

Die Konstruktion der dialektischen Argumentation sieht vor, unterschiedliche Sichtweisen einander gegenüberzustellen und daraus abgeleitet einen Lösungsvorschlag zu unterbreiten.

1. Darstellung des Problems
2. Argument
3. Gegenargument
4. Argumentenvergleich
5. Lösungsvorschlag

Insbesondere für die Argumentation in Konfliktsituationen ist das Modell geeignet, da den Argumenten aller Parteien Rechnung getragen werden kann und aus der Vielfalt eine geeignete Lösung erarbeitet wird.

Argumentationstechnik

Ihren Gesprächspartner zu überzeugen, bedeutet ihn für Ihre eigenen Ziele zu gewinnen. Diese so genannte kooperative Argumentationstechnik erfordert neben einer angenehmen Atmosphäre und Verständlichkeit auch eine Auswahl der Argumente, mit denen sich Ihr Gegenüber gut identifizieren kann.

Strukturieren Sie und wägen Sie das Für und Wider ab

Wenn Sie sich mit der Argumentation eingehender beschäftigen wollen: *Konstruktiv Gespräche führen* von K. Pawlowski und H. Riebensahm (1998)

Gewinnen Sie
durch eine
kooperative
Argumentation
den anderen für
Ihre Ziele

BEISPIEL

Möchten Sie einen äußerst rational denkenden Finanzvorstand von einer Investition in eine Imagewerbekampagne überzeugen, sollten Sie nicht damit argumentieren, dass begeisterte Kunden gerne wieder kaufen. Legen Sie ihm stattdessen Umsatzprognosen mit und ohne Kampagne vor. Erläutern Sie Ihrem Vorstand die finanziellen Vorteile einer erfolgreiche Werbeaktion.

Folgende Methoden sind besonders hervorzuheben:

Die Steigerungsmethode
Nach der Steigerungsmethode werden die Argumente aufeinander aufgebaut. Sie beginnen mit dem schwächsten Argument, satteln das jeweils nächststärkere auf und beenden Ihre Begründung mit dem stärksten Ihrer Argumente. Ihr Gesprächspartner wird seine Gegenargumente früh bringen und kann Ihre besonders starken Begründungen zum Ende hin oft nicht mehr abweisen.

BEISPIEL

Sie möchten eine Mitarbeiterin überzeugen, für zwei Jahre zu einer Tochtergesellschaft nach Indonesien zu gehen: »Frau Hartmann, durch einen Aufenthalt in Jakarta können Sie Erfahrung sammeln, Ihre Sprachkenntnisse erweitern, größere Verantwortung übernehmen und ein doppeltes Gehalt beziehen!«

Die Motivmethode
Die Motivmethode folgt der Annahme, dass Sie die Motive Ihres Gesprächspartners gezielt ansprechen müssen, wenn Sie erreichen möchten, dass er sich mit Ihren Zielen und Ansichten zu identifizieren beginnt. Beobachten Sie Ihr Gegenüber. Versuchen Sie aus seinem Kommunikationsstil und seinem Verhalten zu erschließen, wie Sie ihn am besten erreichen und begeistern können.

Ziel: Identifikation
des anderen
mit Ihrer Ansicht

Orientieren Sie
sich bei den
verschiedenen
Methoden stets
am Gegenüber

Sie möchten Ihren Geschäftsführer von der Investition in eine neue
Fertigungstechnik überzeugen. Sie wissen, dass er großen Wert darauf legt, das eigene Unternehmen von den Konkurrenten abzuheben.
Sie könnten folgendermaßen argumentieren: »Wir sollten die Investition vornehmen. Sie ist in Amerika bereits erfolgreich eingeführt. Und
wir wären die Ersten in Europa, die die Produktion darauf umstellen.«

Die Integrationsmethode

Mit der Integrationsmethode können Sie Ihren Gesprächspartner in die
Problemlösung geschickt einbinden. Stellen Sie offene Fragen, um ihn
zum Mitdenken und damit zur Mitarbeit zu veranlassen. Durch seine
Integration fühlt sich Ihr Gegenüber ernst genommen und steht einer
konstruktiven Lösung nicht im Weg.

In einer Diskussion ist einer Ihrer Mitarbeiter vergleichsweise ver-
schlossen und scheint desinteressiert. Um ihn dennoch zur Mitarbeit
zu bewegen, sprechen Sie ihn direkt an: »Herr Weimer, ich würde gerne erfahren, welche Lösungsmöglichkeiten Sie aufgrund Ihrer
langjährigen Erfahrung sehen!«

Die Behandlungsmethode

Wer argumentiert, muss auch mit Gegenargumenten rechnen. Die Einwände auf Ihre Äußerungen verdeutlichen Ihnen, welche Gründe Ihrer
Überzeugungskraft noch entgegenstehen. Entkräften Sie die Einwände,
ohne das Selbstwertgefühl Ihres Gegenübers zu verletzten! Dafür stehen Ihnen drei wichtige Methoden zur Verfügung:

1.   Nachteil-Vorteil-Methode

Die Schwächen, die Ihr Gegenüber als Einwand benannt hat, werden
umgehend Vorteilen gegenübergestellt. Die Nachteile verlieren so an
Stärke.

Lesenswert:
Manfred Kien-
pointers
*Vernünftig
argumentieren*
(1996)

Ein Gespräch
endet mit dem
Festhalten der
Ergebnisse,
einem Ausblick
und der Ver-
abschiedung

2. Methode der Einwandvorwegnahme

Innerhalb der Argumentationsplanung haben Sie bereits erwartete Einwände ermittelt. Nennen und widerlegen Sie diese selbst. So nehmen Sie Ihrem Gesprächspartner den »Wind aus den Segeln«.

3. Methode der Einwandzurückstellung

Wollen Sie eingebrachte Einwände erst zu einem späteren Zeitpunkt behandeln, teilen Sie dies Ihrem Gesprächspartner gleich mit. Erläutern Sie ihm auch, weshalb Sie nicht sofort auf seinen Einwand eingehen möchten.

Abschlussphase

Die Gestaltung der Abschlussphase eines Gesprächs hängt im Wesentlichen von den Zielen und dem Verlauf des Gesprächs ab. Eine positive Gesprächsatmosphäre ist gerade in der letzten Phase besonders wichtig: unter dem Eindruck, wie Ihre Gesprächspartner die Unterredung beenden, werden Sie in die nächste gemeinsame Besprechung hineingehen. Verläuft der Abschluss angenehm, ist die Wahrscheinlichkeit, auch das nächste Gespräch in einer freundlichen Stimmung zu beginnen, groß. Inhaltlich gliedert sich die Abschlussphase in die Teile Ergebnissicherung, Ausblick und Verabschiedung.

Beim Abschluss eines Konfliktgesprächs geht es in erster Linie darum, die erzielten Ergebnisse zu sichern und die weitere Vorgehensweise festzulegen. Dies erfolgt durch eine Zusammenfassung der wichtigsten Resultate und Maßnahmen. Alle Gesprächsteilnehmer werden aufgefordert, die Zusammenfassung zu ergänzen.

▶ »Habe ich einen wesentlichen Punkt vergessen?«
▶ »Möchten Sie noch andere Aspekte hinzufügen?«

Auf diese Weise werden Ergebnisse und Maßnahmen gemeinsam »abgesegnet«.

Ein weiterer Bestandteil der Abschlussphase ist ein Ausblick auf das künftige Vorgehen. Hierzu zählt neben einer groben inhaltlichen Darstellung eventuell auch die Vereinbarung eines neuen Gesprächstermins.

Zum Ende des Gesprächs erfolgt die Verabschiedung der Gesprächspartner. Bedanken Sie sich für die Teilnahme, die faire Auseinandersetzung und/oder die konstruktive Grundhaltung. Betonen Sie dabei
ausdrücklich die Bedeutung aller am Gespräch Beteiligten.

6.4 Gespräch auswerten

Die Auswertung verfolgt zwei Zwecke. Zum einen geht es darum, das
Gespräch zu analysieren. Zum anderen werden die Ergebnisse dokumentiert, um sie auch zu einem späteren Zeitpunkt nachvollziehen zu
können.

Gesprächsanalyse

In der Gesprächsanalyse geht es um die Beantwortung der folgenden
Fragen:

▶ Haben Sie Ihr Gesprächsziel erreicht?
▶ Wenn nein, woran ist Ihre Argumentation gescheitert?
▶ Sind Sie mit Ihren festgelegten Gesprächszielen im Nachhinein zufrieden?
▶ Wie beurteilen Sie rückblickend die Gesprächsvorbereitung in Bezug auf
  a) die Wahl der Gesprächsteilnehmer?
  b) den Gesprächsort?
  c) den Zeitpunkt des Gesprächs?
  d) die Gesprächsunterlagen?
▶ Ist Ihnen in den einzelnen Phasen eine sinnvolle Strukturierung
  des Gesprächs gelungen?
▶ Wie schätzen Sie die Qualität der Gesprächsdurchführung hinsichtlich
  a) der Verständlichkeit Ihrer Aussagen
  b) Ihres Sprachstils
  c) des Gesprächsklimas

»Auch Worte
sind Taten«

Ludwig
Wittgenstein,
österr. Philosoph

Sehen Sie stets die positive Seite von Kritik

d) Ihrer Argumentations- und Fragetechnik ein?

▶ Was hat Ihnen besonders gut gefallen? Was ist Ihnen besonders gut gelungen?

Die Fragen sollten Sie sich zunächst selbst beantworten. Sofern es Ihnen möglich ist, empfehlen wir die Einbindung weiterer Personen. Es ist in aller Regel aufschlussreich über Kommunikation zu sprechen. Lassen Sie sich kritisieren! Entweder von Ihren Teamkollegen, die das Gespräch verfolgt haben oder sogar von Ihrem Gesprächspartner, wenn Sie zu diesem ein entsprechend offenes und gutes Verhältnis haben! Haben Sie Mut, andere um ihre Meinung zu bitten.

Allgemeine Verhaltensregeln im Umgang mit Kritik

Wie geht es Ihnen, wenn Sie kritisiert werden? Wir alle neigen dazu, negative Einschätzungen, die nicht unserem Selbstbild entsprechen, als Angriff zu werten. Und auf Angriff erfolgt Verteidigung. Im Gesprächskontext würde dies zu einer Rechtfertigung oder einer ebenfalls kritisierenden Zurückweisung führen. Sie brauchen jedoch Kritik, um sich weiter entwickeln zu können.

BEISPIEL

Sie haben gerade erfolgreich eine Sitzung Ihres Teams moderiert. Ihr Chef war auch zugegen, deshalb hatten Sie sich auch gut vorbereitet. Mit dem Verlauf und dem Ergebnis sind Sie durchaus zufrieden. Als der letzte Mitarbeiter den Besprechungsraum verlassen hat, steht Ihr Chef nachdenklich am Fenster. Er dreht sich zu Ihnen um und runzelt die Stirn: »Laufen Ihre Teambesprechungen immer so ab? Sie haben Ihre Leute ja förmlich mit Informationen erschlagen. Haben Sie nicht gespürt, dass mindestens die Hälfte von ihnen schon nach fünf Minuten geistig abgeschaltet hat?« – Und aus ist es mit Ihrer guten Laune…Ihr Vorgesetzter fährt Ihnen gehörig »an den Karren«. Damit hätten Sie nie im Leben gerechnet.

Nehmen Sie Kritik nicht als Angriff auf Ihre Persönlichkeit

Sehen Sie eine Chance darin, dass Ihre Mitmenschen Ihnen einen Spiegel vorhalten! Bemühen Sie sich, Emotionen wie Verärgerung und Wut zurückzustellen. Rechtfertigen Sie sich nicht, sondern verstehen Sie die Äußerung. Suchen Sie nach dem sachlichen Inhalt der Kritik. Von diesem können Sie lernen, wie Ihr Partner, Ihre Freunde und Kollegen bestimmte Eigenschaften von Ihnen sehen. Deren Kritik bedeutet nicht die Wahrheit über Ihre Person, Sie beinhaltet lediglich eine Meinung. Lassen Sie also Kritik zu, hören Sie auf den Kern und überlegen Sie, was Ihr Gegenüber zu seiner Äußerung bewogen haben mag. Fragen Sie ihn ruhig, wenn Sie sich nicht sicher sind!

Kritik benötigt Regeln, wenn sie nicht verletzen soll

Zehn Feedbackregeln

Eine subjektive Einschätzung Ihres Verhaltens durch einen Außenstehenden kann verletzend sein. Dies gilt insbesondere dann, wenn Selbst- und Fremdbild weit auseinander liegen. Idealerweise können Sie mit Ihrem Gesprächspartner Regeln vereinbaren, wie Sie gegenseitig Kritik verstanden haben wollen. Durch die gemeinsame Verabschiedung eines solchen Regelsystems sind alle Parteien darüber einig, wie Kritik geäußert und aufgenommen wird. Nämlich nicht als persönliche Angriffe, sondern als Meinung und Anregung bezüglich bestimmter Eigenschaften oder Verhaltensweisen. Ein solches Regelsystem bilden die so genannten »Zehn Feedbackregeln«:

1. Feedback geben heißt, einer Person Ihre eigenen Beobachtungen, Erkenntnisse und Ansichten über sie mitzuteilen.
2. Feedback nehmen bedeutet, die Kritik bereitwillig anhören, sie aufnehmen und verstehen zu wollen.
3. Der Feedbacknehmer muss bereit sein, einen Kommentar zu seiner Person aufzunehmen.
4. Das Feedback soll beschreiben, nicht bewerten.
5. Das Feedback soll dem Empfänger helfen, sich weiterzuentwickeln.
6. Ein Feedback gibt es nur, wenn es sich um veränderbare Eigenschaften oder Verhaltensweisen des Empfängers handelt.
7. Das Feedback soll zeitnah nach dem auslösenden Ereignis erfolgen.
8. Das Feedback soll kommentarlos hingenommen werden. Der Kritisierte soll sich nicht unmittelbar rechtfertigen.

»Ich hasse das, was du sagst, aber ich gebe mein Leben dafür, dass du es sagen kannst«

Voltaire, franz. Schriftsteller

9. Das Feedback soll möglichst in Gruppen gegeben werden, um durch unterschiedliche Ansichten ein »rundes« Bild zu erhalten.

10. Nach dem Feedback kann der Feedbacknehmer die Kernaussagen nochmals zusammenfassen und seine Einschätzung und seine Beweggründe äußern.

Dokumentation

Sie sollten von allen wichtigen Gesprächen ein Protokoll anfertigen. Die Inhalte und Entscheidungen zu dokumentieren dient vor allem der Sicherung von Wissen. Es empfiehlt sich somit, das Gesprächsprotokoll möglichst zeitnah anzufertigen.

> **WISSENSWERT**
>
> Einer Studie zufolge sind bei Gesprächsteilnehmern ohne Protokollierung 14 Tage nach einem Gespräch nur noch 8 % der Diskussionspunkte präsent. Von den jeweils gelieferten Beiträgen können nur noch knapp 40 % (zum Teil recht ungenau) wiedergegeben werden.

Notieren Sie auf dem Protokoll, wann und mit wem das Gespräch stattgefunden hat. Halten Sie den Gesprächsgrund, die Themen und die erzielten Ergebnisse nebst den verabschiedeten Maßnahmen fest. Ein solches Protokoll kann mehrere Zwecke erfüllen:

▶ Dokumentation des Gesagten für Ihre eigenen Unterlagen
▶ Erinnerungsfunktion und Arbeitsunterlage für alle Gesprächsteilnehmer
▶ Verbindliche Dokumentation der erteilten Aufträge
▶ Hilfsmittel zur Kontrolle der vereinbarten Maßnahmen
▶ Dokumentation der Umsetzung dieser Maßnahmen

6.5 Erfolgskriterien der Gesprächsführung – eine Fallstudie

Stellen Sie sich auf die Ziele Ihres Gegenübers ein

Bereiten Sie sich anhand der folgenden 13 Kriterien auf wichtige Gespräche vor. Nutzen Sie die Anregungen – Sie werden sehen: die Quote der erfolgreichen Besprechungen wird steigen!

Die Zielsetzung verfolgen

▶ Was will ich erreichen?
▶ Was will mein Gesprächspartner erreichen?
▶ Welche Argumentation erscheint mir schlüssig und sinnvoll?

BEISPIEL

Frau Stelter ist Abteilungsleiterin für Softwareentwicklung der norddeutschen Atec AG. Nach der Fusion ihrer Gesellschaft mit der süddeutschen B-Net AG zur CENIT AG vor wenigen Wochen soll der Softwarebereich der beiden Ursprungsgesellschaften zusammengelegt werden. Frau Stelter ist als künftige Leiterin des neuen Bereichs vorgesehen. Am Montag kommender Woche will sie ihren designierten Stellvertreter Herrn Vahldiek, ein Mitarbeiter der ehemaligen B-Net AG, erstmals treffen. Sie möchte mit ihm gemeinsam festlegen, wie die Zusammenführung der beiden Softwarebereiche gelingen soll. Frau Stelter formuliert vorab ihre Ziele und Erwartungen:

Ziel 1: mindestens 80 % der alten Atec-Arbeitsplätze sollen erhalten bleiben.
Ziel 2: die Softwareentwicklung soll alleine am Standort der alten Atec AG erfolgen.
Erwartung 1: Vahldiek wird darauf bestehen, zumindest einen Teil der Entwicklungsarbeiten am alten Standort der B-Net AG zu belassen.
Erwartung 2: er wird anführen, dass ein Umzug der 40 B-Net-Entwickler nicht durchsetzbar ist, da viele der Entwickler kündigen würden und so großes Know-how verloren gehen würde.

Wenn Sie Fragen zur Verfassung von Gesprächsprotokollen haben, empfehlen wir Ihnen u. a. das Buch *Schreiben wie ein Profi* von Norbert Franck (1995)

Gesprächsvorbereitung

▶ Terminabsprache treffen
▶ Thema und Vorgehensweise grob festlegen
▶ Informationen über Gesprächspartner sammeln
▶ sich emotional auf die Situation einstimmen
▶ gegebenenfalls Anknüpfung an das letzte gemeinsame Gespräch
  finden

BEISPIEL

Frau Stelter hat bereits persönlich den Termin mit Herrn Vahldiek vereinbart. Das B-Net-Team wird nur zwei Personen umfassen. Die Abteilungsleiterin hat sich über Kollegen einige Informationen über Herrn
Vahldiek besorgt: er gilt als Fachmann, neigt jedoch zu zurückhalten-
dem, vorsichtigen Verhalten.

Atmosphäre

▶ ruhiger, abgeschirmter Ort
▶ persönliches Wohlbefinden sicherstellen
▶ Zeitdruck im Gespräch vermeiden
▶ partnerschaftliche Sitzordnung vorbereiten

BEISPIEL

Legen Sie Wert
auf eine ruhige
Atmosphäre

Frau Stelter wählt für das Gespräch auf Expertenebene einen der ge-
schmackvoll, und funktional eingerichteten Besprechungsräume im
Unternehmen. Da keine Vorstände am Treffen teilnehmen werden,
hält sie die Anmietung eines Tagungsraumes in einem der großen
Hotels für übertrieben. Es soll gearbeitet und nicht repräsentiert
werden. Sie bestellt außerdem Kaffe, Tee, Gebäck, kalte Getränke und
einen Imbiss zur Mittagszeit. Die Sitzplätze sollen kreisförmig ange-
ordnet werden.

Gesprächseröffnung

▶ freundliche Begrüßung, sich vorstellen
▶ Aufwärmphase, den Gesprächspartner »mental abholen«
▶ Getränke anbieten

BEISPIEL

Herr Vahldiek und sein Mitarbeiter sind pünktlich erschienen. Frau Stelter begrüßt beide sehr freundlich, jedoch nicht aufdringlich. Sie stellt ihr kleines Team und sich selbst vor. Sie erkundigt sich nach der Anreise und erfährt, dass Herr Vahldiek sich zunächst verfahren habe, da er vorher noch nie hier gewesen sei. »Dann erlauben Sie mir doch, Ihnen in einem kurzen Rundgang unser Unternehmen vorzustellen!« Herr Vahldiek nimmt das Angebot gerne an. Nach der kurzen Führung nehmen die Gesprächspartner im Besprechungsraum platz. Kaffee und Tee wird gereicht. Die Stimmung ist locker und fast freundschaftlich. »Herr Vahldiek, es freut mich, dass Sie uns heute besuchen kommen und dass wir künftig eng zusammenarbeiten werden. Mit der Fusion unserer beiden Unternehmen sehe ich gerade im Softwarebereich starke Synergieeffekte …«, beginnt Frau Stelter das Gespräch.

Körpersprache

▶ aufrechte, sichere Haltung
▶ Abwechslung in Gestik und Mimik unterstreicht die jeweilige Gesprächssituation
▶ natürlich bleiben
▶ Blickkontakt wahren
▶ besonders auf eine dem Gesprächspartner zugewandte Arm- und Beinhaltung achten!

Holen Sie den anderen mental ab und sorgen Sie gleich zu Anfang für eine gelockerte Stimmung

»Tu erst das Notwendige, dann das Mögliche – und plötzlich schaffst du das Unmögliche«

Franz v. Assisi, katholischer Heiliger

Zeigen Sie Interesse und Aufmerksamkeit

Nach einer Einführung durch Frau Stelter erläutert Herr Vahldiek die laufenden und geplanten Entwicklungsprojekte der ehemaligen B-Net AG. Frau Stelter hält den Augenkontakt und nickt interessiert. Sie sitzt aufrecht und verfolgt das Gesagte. Ihr Blick und die gegenüber dem Sprecher geöffnete Armhaltung signalisieren Aufmerksamkeit und Interesse.

Sich einbringen

- ▶ persönliches Interesse zeigen
- ▶ Ich-Botschaften verwenden
- ▶ Füllwörter vermeiden
- ▶ deutlich und der Situation angemessen sprechen

Herr Vahldiek hat gerade erläutert, wie sein Team ein bisher ungelöstes Softwareproblem geschickt umgehen konnte. Das interessiert Frau Stelter offensichtlich besonders: »Herr Vahldiek – das finde ich wirklich bemerkenswert. Wie sind Sie auf diese Idee gekommen?«

Gesprächspartner integrieren

- ▶ mit Namen ansprechen
- ▶ das Gegenüber ernst nehmen
- ▶ nach Wünschen, Zielen, Motiven erkundigen

Integrieren Sie Ihre Gesprächspartner

Frau Stelter ist mittlerweile recht gut über die Fähigkeiten und Leistungen der B-Net-Entwickler im Bilde. Nun möchte sie sich ihrem eigentlichen Gesprächsanliegen zuwenden: »Sagen Sie, Herr Vahldiek, wie stellen Sie sich die Verschmelzung der beiden Softwareabteilungen vor? Haben Sie bereits eine Konzeptidee?«

Grundlagen der Kommunikation bewusst nutzen

▶ 4 Seiten einer Nachricht: Was möchte ich sagen? Was möchte mein Gesprächspartner sagen?
▶ bei Verständnisproblemen nachfragen

Herr Vahldiek antwortet: »Also, wir denken, dass die Zusammenarbeit hervorragende Ergebnisse bringen kann. Wir würden vorschlagen, die laufenden Projekte in den bestehenden Arbeitsgruppen zu realisieren. Und vielleicht könnte man dann ja jeweils Expertengruppen bilden, die verschiedene Bereiche an beiden Standorten abdecken ...«
Frau Stelter sieht ihre Vorabinformationen bestätigt – Herr Vahldiek bevorzugt einen ausweichenden, zurückhaltenden Kommunikationsstil. Er spricht vermutlich nicht genau das aus, was er denkt. Sie hakt nach: »Habe ich Sie richtig verstanden? Sie wollen eine Zusammenführung der beiden Abteilungen erst zu einem deutlich späteren Zeitpunkt als jetzt. Und Sie bevorzugen zwei Entwicklungsstandorte.«
Herr Vahldiek antwortet: »Ja, das könnte man im Prinzip so stehen lassen ... ähh ... zu einem sofortigen Umzug sind unsere Programmierer nicht bereit. Die würden sich dann eher neue Jobs suchen und dort wohnen bleiben. Bei der Nachfrage nach Softwareleuten haben die gar kein Problem, eine neue Stelle zu finden.«

Gestaltung der Fragen

▶ geschlossen: deutlich auf Zielsetzung hinarbeiten, bringt schnelle Ergebnisse
▶ offen: fordert dem Gesprächspartner Aktivität ab, da viele Antworten möglich sind
▶ suggestiv: kann eingesetzt werden, um Zustimmung zu erlangen

---

Stellen Sie sich auf den Kommunikationsstil des anderen ein

»Fragen sind nie indiskret, nur Antworten sind es bisweilen«

Oscar Wilde, irischer Lyriker

Versuchen Sie, die Aussagen der anderen Seite differenziert zu erfassen

BEISPIEL

Frau Stelter möchte gerne wissen, wie Herr Vahldiek persönlich zur Standortfrage steht. Eine offen formulierte Frage dürfte bei dessen Kommunikationsstil dazu führen, dass er mit vielen Worten nichts Definitives sagt – Frau Stelter möchte jedoch, dass er deutlich Farbe bekennt. Sie entscheidet sich für eine Alternativ-Frage: »Herr Vahldiek, was halten Sie aus Ihrer Erfahrung heraus für sinnvoller und wirtschaftlicher: eine einzige oder zwei räumlich getrennte Entwicklungsabteilungen?«

Zuhören

▶ was ist die Kernaussage des Gesprächspartners?
▶ was folgt daraus?
▶ habe ich mein Gegenüber auch richtig verstanden?
▶ das aktive zuhören durch Körpersprache untermauern
▶ Rückmeldung durch Nicken, kurze verstehende Äußerungen
▶ Notizen machen

BEISPIEL

Herr Vahldiek denkt kurz nach. »Also, ich persönlich halte es für ökonomisch vernünftig, eine einzige Abteilung zu bilden. So kann das unterschiedliche Know-how optimal zusammenfließen.« Frau Stelter stimmt Herrn Vahldiek kurz zu. Der fährt fort: »Allerdings stehen viele meiner Programmierer der Fusion skeptisch gegenüber.« Frau Stelter nickt verstehend. Im Kern, so scheint es ihr, sieht sich Herr Vahldiek im Widerstreit zwischen seiner eigenen Meinung und der seines Teams.

Einwände aufnehmen

▶ jeden Einwand registrieren
▶ ist der Einwand sachlich berechtigt?

Einwände bieten Chancen

▶ ein Einwand bietet immer auch die Chance, ihn zu entkräften
▶ idealerweise auf den Einwand konkret eingehen

▶ gegebenenfalls ausweichen, das schwächste Argument herausfiltern und entkräften

Gehen Sie auf Einwände ein und nehmen Sie Befürchtungen ernst

BEISPIEL

»Herr Vahldiek, ich würde mir wünschen, hier die einzige Entwicklungsabteilung der CENIT AG zu bilden«, sagt Frau Stelter. »Dann würden 75 % der Programmierer der alten B-Net AG sofort kündigen«, entgegnet Herr Vahldiek. Würde sich diese Aussage bewahrheiten, wäre die Zusammenlegung der Softwareabteilungen nicht mehr sinnvoll. Andererseits hält Frau Stelter auch nichts von einer räumlichen Trennung im Entwicklungsbereich. Wie könnte sie Herrn Vahldiek dazu bringen, von dieser vermutlich übertriebenen Schätzung abzugehen? Frau Stelter entscheidet sich für die sogenannte Filtermethode: sie versucht, den Einwand zu schwächen, indem sie einen Aspekt des Arguments unglaubwürdig erscheinen lässt: »Herr Vahldiek, wie kommen Sie auf 75 %? Haben Sie diesbezüglich bereits eine Erhebung durchgeführt?« – »Nein, das war jetzt nur mal so'ne Schätzung«, gibt dieser klein bei. Nach einer längeren Diskussion sind sich Frau Stelter und Herr Vahldiek einig: mindestens die Hälfte der B-Net-Entwickler sollen in der neuen Entwicklungsabteilung am Ort der alten Atec AG beschäftigt werden. Sind weniger als 50 % zu einem Ortswechsel bereit, will man neue Pläne schmieden. Herr Vahldiek wird jeden seiner Entwickler in einem persönlichen Gespräch nach dessen Bereitschaft fragen.

Visualisieren

▶ das Gesagte skizzieren
▶ Ergebnisse für alle Gesprächsteilnehmer offen dokumentieren

Visuelle Eindrücke unterstützen das Lernen und Verstehen der beteiligten Gesprächsteilnehmer.

»Es lohnt sich beim Aufstieg freundlich zu den Mitmenschen zu sein, denn man begegnet ihnen beim Abstieg wieder«

Harry S. Truman, 33. US-Präsident

Ein Gespräch
sollte konstruk-
tiv gestaltet und
harmonisch
beendet werden

Gesprächsabschluss

▶ das Ergebnis zusammenfassen
▶ nächste Schritte festhalten
▶ gegebenenfalls Folgetermin vereinbaren
▶ nach offenen Fragen erkundigen
▶ dem Gegenüber ein Schlusswort ermöglichen
▶ den Gesprächspartnern danken, Anerkennung aussprechen
▶ freundliche Verabschiedung, um einen guten letzten Eindruck
sicherzustellen

BEISPIEL

Eine gute Basis
für die Zusam-
menarbeit
schaffen

Frau Stelter ist zufrieden. »Ich möchte unser Gespräch kurz zusammenfassen. Wir beide wollen versuchen, eine einzige Entwicklungsabteilung an diesem Standort aufzubauen. Sie, Herr Vahldiek, werden
mit Ihren Mitarbeitern Personalgespräche führen, um festzustellen,
wieviele Programmierer letztlich zu einem Wohnortwechsel bereit
sind. Am 30. Oktober treffen wir uns in Ihrem Hause zur Besprechung
der Ergebnisse. Dann erst werden wir weitere Schritte planen.«
Herr Vahldiek hat dem nichts hinzuzufügen. Er bedankt sich für
die freundliche Aufnahme und das konstruktive Gespräch. Die Gesprächspartner verabschieden sich voneinander. Frau Stelter begleitet
ihre Gäste noch bis zu deren Wagen.

AKTIONSPLAN

Gespräche richtig führen

Erfolgreiche Gespräche sind solche, die ihr gestecktes Ziel erreichen oder zumindest einen akzeptablen Kompromiss als Ergebnis haben. Besonders wichtig ist hierfür eine gut durchdachte Gesprächsvorbereitung mit klarer Festlegung der Ziele und der Gesprächstaktik unter Berücksichtigung der wesentlichen Gesprächsphasen.

So bereiten Sie Ihre Gespräche richtig vor

Bereiten Sie innerhalb der kommenden acht Wochen drei Gespräche detailliert vor. Orientieren Sie sich dabei an den in diesem Kapitel vorgestellten Schritten: Beginnen Sie mit der Zielfindung, bereiten Sie das Gespräch vor, führen Sie es und dokumentieren Sie die wesentlichen Inhalte in einem Protokoll. Legen Sie den Gesprächspartner und den zeitlichen Rahmen, in dem diese Gespräche stattfinden in der folgenden Tabelle fest.

Gespräch	innerhalb der kommenden	mit Gesprächspartner	erledigt am
1	4 Wochen		
2	6 Wochen		
3	8 Wochen		

Nutzen Sie als Anhaltspunkt für Ihre Gesprächsvorbereitung den Vorbereitungsbogen auf der folgenden Seite. Halten Sie dort alle wesentlichen Punkte fest und nehmen Sie den Bogen als Gedächtnisstütze mit in Ihr Gespräch.

▶Seite 164

Gesprächsvorbereitungsbogen

Gesprächsthema

Organisation

Wer soll teilnehmen?

Welcher Gesprächstermin?

Welcher Gesprächsort?

Welche möglichen Störquellen
muss ich ausschalten?

Welche Sitzordnung?

Welche Gesprächsunterlagen
benötige ich?

Taktik

Wie lautet mein
positives Gesprächsziel?

Mit welchen Zwischenergebnissen
würde ich mich zufrieden geben?

Welches Ziel könnte mein
Gesprächspartner haben?

Wie wird sich mein Gegenüber
verhalten?

Gesprächsphasen

Eröffnungsphase   Welchen Aufhänger habe ich ggfs. aus einem früheren Gespräch?

Zielorientierungsphase   Weshalb möchte ich das Gespräch führen?

Argumentationsphase   Mein roter Faden:

                           Meine Argumentationsplanung:
                           ▶ meine Argumente:

                           ▶ mögliche Gegenargumente:

                           ▶ Entkräftung:

                           Argumentationsfigur:

Abschlussphase   ▶ Gute Atmosphäre aufbauen.
                           ▶ Ich fasse zusammen und gebe einen Ausblick.
                           ▶ Gibt es noch offene Fragen?

Im Anschluss an das Gespräch beurteilen Sie anhand des Gesprächsvorbereitungsbogens Ihr erzieltes Ergebnis. Sind Sie hinsichtlich der Organisation, der Gesprächstaktik und des Verlaufs der einzelnen Gesprächsphasen zufrieden?

Ja. Ich habe insbesondere die folgenden Punkte gut gelöst.

Nein. Mit einzelnen Teilen meiner Gesprächsführung bin ich noch unzufrieden.

Vorschläge zur Lösung des Problems

In welchem Punkt wollen Sie sich vorrangig verbessern?

▶ Zielfindung: Haben Sie den Eindruck, Ihr Ziel war zu hoch oder zu niedrig gesteckt? Bevor Sie ein Gespräch erfolgreich führen können, müssen Sie wissen, was Sie erreichen wollen. Überlegen Sie sich auch, was Ihre Mindestanforderung ist. Dieses ist der Punkt, von dem an Sie einem Kompromiss nicht mehr zustimmen würden. ▶Seite 128 – 130

▶ Gesprächsvorbereitung: Mit welchem Teil der Gesprächsvorbereitung sind Sie unzufrieden? Haben Sie Ihre Gesprächspartner unterschätzt? Oder haben Sie die falschen Argumente gewählt? Vergegenwärtigen Sie sich die Schwachstellen Ihrer Vorbereitung und bedenken Sie diese für künftige Gespräche. ▶Seite 130 – 133

▶ Gesprächsführung: Sind Sie unsicher geworden? Haben Ihre Gesprächspartner die besseren Argumente gehabt? Sind Sie in eine so genannte Gesprächsfalle geraten, aus der Sie sich nur schwer befreien konnten? Zu Strategien für Gesprächsfallen finden Sie im vorangegangenen Kapitel einige Tipps. Generell sollten Sie sich im Gespräch an Ihrem roten Faden orientieren. Versuchen Sie, Ihre Argumente deutlich zu machen. ▶Seite 134 – 143

▶Seite 194 – 195

▶Seite 146 – 150

7

Körpersprache und Kommunikation

Ziel des Kapitels: Lernen Sie, unbewusste Signale zu erkennen bzw. bewusst einzusetzen

In diesem Kapitel möchten wir Sie mit den folgenden Faktoren der nonverbalen Kommunikation bekannt machen:

▶ *Körperhaltung, Gestik und Mimik*
▶ *die eigene Körpersprache und deren Training.*

Darüber hinaus werden Sie erfahren, wie Sie mithilfe des Neuro-Linguistischen Programmierens (NLP) Ihre Einstellung und damit auch Ihre Körpersprache bewusst beeinflussen können.

Doch zunächst wollen wir auf die nonverbale Kommunikation eingehen. Damit bezeichnet man Verhalten, das ohne den Einsatz der Sprache menschliche Beziehungen aufrechterhält oder lenkt. Dieses ist unabhängig davon, ob dieser Einfluss mit oder ohne Absicht ausgeübt wird. Die »Medien« der nichtverbalen Kommunikation kann man in folgende Bereiche unterteilen:

▶ *Körperbewegungen:*	*Gesten, Mienenspiel, Haltungen und Handlungen*
▶ *Nichtsprachliche Phänomene:*	*Sprechpausen/Schweigen, nichtsprachliche Laute (Lachen, Gähnen, Grunzen, Pfeifen)*
▶ *Eigene Position im Raum:*	*Soziale Distanz, Orientierung des Körpers, Revierverhalten*
▶ *Sonstiges:*	*Menschliche Erzeugnisse wie Schmuck oder Kleidung*

Medien der nonverbalen Kommunikation

7.1 Körperhaltung, Gestik und Mimik

Der Austausch von Informationen findet bei der verbalen Kommunikation vor allem auf der Inhaltsebene statt, während die nichtverbale Kommunikation ihre Informationen weitgehend auf der Beziehungsebene vermittelt.

Um den Unterschied zwischen der Inhaltsebene und der Beziehungsebene darzustellen, soll dies an einem kleinen Beispiel erklärt werden.

BEISPIEL

Eine Frau kocht für ihren Ehemann und sich selbst das Abendessen. Bei der nun folgenden obligatorischen Frage seitens der Frau: »Schmeckt Dir, was ich für uns gekocht habe?«, bleiben dem Ehemann im Prinzip drei Möglichkeiten zur Beantwortung dieser Frage.

A: »Ja, das Essen schmeckt mir sehr gut. Das könntest Du bald wieder einmal kochen.«

Bei dieser Antwort sind wir im Bereich der verbalen Kommunikation und befinden uns auf der Inhaltsebene. Der Mann hat außerdem ehrlich geantwortet.

B: »Nein, das Essen schmeckt mir überhaupt nicht und ich will so etwas Schreckliches nie wieder auf dem Tisch sehen.«

Wiederum kommt bei dieser Antwort die verbale Kommunikation zum Tragen und der Mann hat nicht gelogen. (Von dem Gefühlsleben der Frau, das hier natürlich stark verletzt wird, wollen wir einmal absehen.)

C: »Ja mein Schatz, das Essen schmeckt mir sehr gut.«

Auch diese Antwort beinhaltet die verbale Kommunikation. Was Ihnen als Leser erst einmal verschwiegen wurde ist, dass der Ehemann mit übergeschlagenen Beinen und teilweise verschränkten Armen mit mürrischem Gesicht in dem Essen auf seinem Teller herumstochert. Von der Tonlage wollen wir erst gar nicht reden.

Hervorragend illustrierte Beispiele finden Sie bei Samy Molcho (*Körpersprache*, 1988)

Die wirkliche Meinung kommt oft ungewollt zum Ausdruck

Was ist geschehen? Der Mann hat verbal geantwortet. Dies ist die eine Seite, die auch die Inhaltsebene enthält. Auf der anderen Seite steht dem die Beziehungsebene gegenüber. Diese behält sich den Anteil der nonverbalen Kommunikation vor.

Wir setzen einmal voraus, dass der Mann seine Frau liebt und ihr wegen des verunglückten Essens, bei dem sie sich sehr wahrscheinlich auch noch große Mühe gegeben hat, keine stark negativ gefärbte Antwort geben möchte. Er will ihre Gefühle nicht verletzen und gibt ihr trotz des schlechten Essens eine positive Antwort.

Nun kommen wir zu dem nichtverbalen Anteil der Kommunikation. Der Mann hat ja nun mit seiner Aussage bei der Antwortsituation C offensichtlich gelogen und durch seine Körperhaltung und den Tonfall seiner Sprache sein Missfallen ausgedrückt. Er zeigt dies durch:

1. übergeschlagene Beine
2. teilweise verschränkte Arme
3. mürrisches Gesicht
4. Herumstochern in dem Essen auf seinem Teller

In diesem Fallbeispiel beinhalten die »übergeschlagenen Beine und teilweise verschränkten Arme« die Körperhaltung. Das »mürrische Gesicht« steht für die Mimik und das »Herumstochern im Essen« für die Gestik. Dieses Beispiel ist als universell für all jene Situationen zu betrachten, bei denen es zu einer Diskrepanz zwischen der eigenen verbalen Antwort und dem körperlichen Ausdrucksverhalten kommt.

BEISPIEL

Situation A: Wie würden Sie sich als Mitarbeiter fühlen, wenn Sie Ihren Vorgesetzten um ein persönliches Gespräch gebeten haben und Ihr Chef Ihnen bei diesem Gespräch in seinem Sessel sitzend den Rücken zudreht oder mit übergeschlagenen Beinen, verschränkten Armen und mürrischem Gesichtsausdruck vor Ihnen sitzt?

Die Körpersprache liefert wichtige Aufschlüsse über die Haltung

Situation B: Wieviel anders wäre die Situation wenn Ihr Vorgesetzter Sie mit einem freundlichen Lächeln in sein Büro bittet und Sie außerdem noch Kaffee oder Tee zusammen trinken würden?

Hier kommen wir zu den Faktoren:

▶ Personenwahrnehmung
▶ Interne und externe Ursachenzuschreibung
  (sog. Kausalattributierung)
▶ Sender-Empfänger Prinzip

Versetzen Sie sich nun einmal gedanklich in die Situation A! Ihr Vorgesetzter dreht Ihnen, in seinem Sessel sitzend, den Rücken zu. Ihre Wahrnehmung ist es nun, dass Ihr Chef an dem Gespräch mit Ihnen überhaupt nicht interessiert ist. Durch sein deutlich abwehrendes und für Sie als Mitarbeiter zurücksetzendes Verhalten legt er eine klare Abwehr (»Ich bin der Chef und wer sind Sie?!«) sowie ein deutliches Revierverhalten (»In diesem Raum habe ich – der Chef – das Sagen und kein anderer!«) an den Tag.

Der Vorgesetzte (Sender) strahlt an seinen Untergebenen (Empfänger) durch sein Verhalten klare Signale des Machtanspruches aus. Auf der Empfängerseite wird der Untergebene nun möglicherweise stark verunsichert. Er wird sich fragen, ob er mit seiner Bitte um ein persönliches Gespräch nicht einen Fehler begangen hat. Wahrscheinlich gibt er sich im schlimmsten Fall für das Abwehrverhalten seines Chefs auch noch selbst die Schuld, weil der Mitarbeiter die Ursache für das abweisende Verhalten bei sich selber sucht.

In diesem Fall wäre die so genannte interne Ursachenzuschreibung erfüllt und ein stark verunsicherter Mitarbeiter würde alle seine Anliegen in den Hintergrund stellen, bevor das Gespräch überhaupt begonnen hat. Der Mitarbeiter würde sich in dieser Situation nach einem kurzen, inhaltslosen »Geplänkel« aus der Situation zurückziehen und unzufrieden und stark verunsichert an seinen Arbeitsplatz zurückkehren. Der verbale Kommunikationsanteil wäre in diesem Fall an der nonverbalen Kommunikation gescheitert.

In der zweiten Variante der Version A dreht der Vorgesetzte seinem Untergebenen zwar nicht den Rücken zu, er gibt ihm aber durch seine abweisende Körperhaltung (übergeschlagene Beine und die verschränkten Arme) und durch seine negative Mimik (mürrischer Gesichtsausdruck) ganz klar zu verstehen, dass er dieses Gespräch bestenfalls als notwendiges Übel verstanden wissen möchte.

Um Ihre Kenntnisse im Bereich des Verhaltens zu vertiefen, empfiehlt sich u. a. *Motivation und Handeln* von H. Heckhausen (1989)

**Jeder Gesprächs-
teilnehmer
sendet und emp-
fängt ständig
Botschaften**

Der Effekt wäre der gleiche wie im ersten Teil der Version A. Das Gespräch würde auch hier durch den nonverbalen Anteil der Kommunikation scheitern. Dies gilt umso mehr, wenn der Untergebene die Ursache für das negative Verhalten des Vorgesetzten bei sich selbst (also intern) sieht.

In der angesprochenen Situation B verhält sich der Vorgesetzte ganz anders. Er demonstriert durch ein offenes Zugehen auf seinen Mitarbeiter seine Gesprächsbereitschaft. Zudem schafft er es schon vor dem eigentlichen Beginn des Gespächs die entspannte Situation aufzubauen.

Der Sender (Chef) demonstriert dem Empfänger (Untergebenen), dass das Gesprächsanliegen ernst genommen wird. Er erzeugt Vertrauen und aus dem Vertrauen heraus eine Verringerung möglicher Berührungsängste beim Empfänger.

Was bleibt dann für die interne und externe Ursachenzuschreibung für die Empfänger-Person über? Innerlich wird sich die untergebene Person sagen können, dass ihr Gesprächsanliegen durch die Anmeldung beim Vorgesetzten erfolgreich vertreten werden konnte. Beide Seiten haben sich zu dem Thema Gedanken gemacht, sodass der Vorgesetzte Maßnahmen für eine flache Hierarchiesituation (offenes Zugehen auf die untergebene Person) ergreifen kann und kein Revierverhalten, also kein »Verschanzen« hinter seinem Schreibtisch, zeigen brauchte. Durch das offene »Aufeinander zugehen« nimmt der Vorgesetzte dem Mitarbeiter mögliche Ängste, die durch die unterschiedlichen hierarchischen Ebenen entstehen können.

Zu Beginn des Kapitels wurden ferner die »sonstigen« Aspekte der nonverbalen Kommunikation, wie Kleidung oder Schmuck, angesprochen. Durch eine angemessene »Ausstattung« kann die Situation schon vor Beginn der verbalen Kommunikation positiv beeinflusst werden. Denn wer würde sich schon in einem ölbeschmierten Monteuroverall um eine Führungsposition in einer Bank bewerben? Oder im Designer-Anzug um eine Stelle als KFZ-Mechaniker?

**Kommunikation
auch durch
Kleidung oder
Schmuck**

Im vorangehenden Abschnitt sind nun verschiedene Dinge angesprochen worden, die den Bereich der nonverbalen Kommunikation umfassen:

- ▶ Körperbewegungen
- ▶ Nichtsprachliche Phänomene
- ▶ Eigene Positionierung im Raum
- ▶ Sonstiges

Des Weiteren wurden noch die Faktoren der Personenwahrnehmung, Ursachenzuschreibung und das Sender-Empfänger Prinzip angesprochen. All diesen Komponenten liegt die Feststellung von Paul Watzlawick zugrunde: »Man kann nicht nicht kommunizieren!«

Eine nichtverbale Kommunikation beinhaltet, genau wie die verbale Variante auch, immer das Prinzip der wechselseitigen Aktion und Reaktion, der sich die Kommunikationspartner nicht entziehen können. Verbale Kommunikation soll hier als eine vom Bewusstsein gesteuerte Aktion oder Reaktion verstanden werden. Unsere Körpersprache ist dabei aber subtiler, denn bei ihr spielt auch das Unterbewusstsein eine gewichtige Rolle. Körperbewegungen haben in der nonverbalen Kommunikation auch einen Reflexcharakter, dem sich ein kommunikativ untrainierter Mensch nur schwer entziehen kann. Körperbewegungen wie ein verschränken der Arme (unbewusstes Abwehrverhalten), oder ein ausgeprägtes Stirnrunzeln (Ausdruck von Missfallen) können von ihrem Sender ganz anders gemeint sein, als ein Empfänger sie wahrnimmt. Dazu könnte dann noch eines der nichtsprachlichen Phänomene wie ein langgezogenes »Hmmm . . .« (Kritik) kommen und die verbale Kommunikation wird sofort problembeladen sein.

Das kann dazu führen, dass sich die gegenseitige Personenwahrnehmung ändert. (»Ich hatte mich doch so gut vorbereitet. Was will der Chef dann nun von mir?«). Die Gesprächspartner beginnen auf der verbalen Ebene nun möglicherweise aneinander vorbeizureden. Ein vormals gut geplantes Gespräch endet in einer nicht vorhergesehen Konfrontation, weil die Interpretation der nichtverbalen Komponenten von der »Empfängerseite« fehlerhaft war. Ein ähnliches Phänomen haben Sie bereits im ersten Kapitel im Rahmen der verbalen Kommunikation kennengelernt. Der Empfänger kann in diesem Fall die Ursache für den negativen Kommunikationsverlauf bei sich selbst suchen (»Was habe ich bloß falsch gemacht?«) oder aber bei seinem Gegenüber

Aktion und Reaktion sind oft subtil und können jedes Gespräch zum Scheitern bringen

Interessant: *Menschliche Kommunikation* von Paul Watzlawick (1969)

Beobachten und trainieren Sie Ihre eigene Körpersprache

(»Mann, hat der Chef heute schlechte Laune!«). Andererseits kann der Sender der nonverbalen Komponenten durch sein Verhalten auch Nachdenklichkeit demonstrieren und dadurch von seinem Gegenüber mehr Informationen einfordern.

EXPERTENTIPP

Wichtig dabei ist,

1. dass der Empfänger erkennt, was der Sender der nichtverbalen Komponenten beabsichtigt und
2. dass der Empfänger die Nachricht nicht fehlinterpretiert.

7.2 Die eigene Körpersprache

Menschen drücken sich nicht nur verbal aus. Mindestens genauso wichtig ist der Anteil der Körpersprache. Die Informationsübertragung durch den nonverbalen Anteil der Kommunikation wird dem aufmerksamen Gegenüber eine Flut von Informationen vermitteln, die es dann allerdings auch richtig zu deuten gilt.

Alle Möglichkeiten der Körpersprache können hier nicht behandelt werden. Wir konzentrieren uns auf einige wichtige aus dem beruflichen Alltag. Im zweiten Teil dieses Abschnitts geht es um das Training und den gezielten Einsatz der Körpersprache.

Ablehnung

Körperhaltungen und Gesten für das Ablehnen anderer Menschen oder deren Ideen sind äußerst vielfältig. Es soll hier nur auf auf zwei Handbewegungen eingangen werden.

Ablehnung durch Handbewegungen

Die eine Geste ist eine fächelnde Hand, wobei die nach unten gerichteten Finger kräftig vor- und zurückgeschwenkt werden. Hier wird symbolisch ein Mensch oder eine Sache auf eine sehr überhebliche Art und Weise von sich weg geschoben und ein erhebliches Missfallen demonstriert. Diese Geste kann vor allem bei sehr dominanten und ungeduldigen Personen beobachtet werden.

Die zweite angesprochene Geste ist der nach unten gerichtete Daumen bei gleichzeitig geschlossener Hand. Dies ist sozusagen ein Klassiker unten den menschlichen Gesten. Der nach unten gerichtete Daumen kann hier auf dominante Art und Weise Druck ausüben. Er kann auch stellvertretend für das Wort »Nein« oder den schlechten Ausgang einer Sache eingesetzt werden, wenn zum Beispiel ein Geschäftsabschluss nicht funktioniert hat und man seinem Kollegen, der drei Schreibtische weiter sitzt und fragend herüber schaut diese nonverbale Nachricht übertragen möchte, ohne laut durch den Raum zu rufen.

Begrüßung

Für Menschen die sich gerade erst kennen lernen, sind die ersten Sekunden des Treffens entscheidend. Jeder der Kommunikationspartner sendet und empfängt in nur wenigen Sekunden viele wichtige Informationen. Das Kennenlernen von Menschen ist immer ein wichtiger Zeitpunkt, der den weiteren Verlauf eines Kontakts entscheidend prägt. Die sich kennenlernenden Personen werden einander zugewandt stehen, Blickkontakt suchen und sich im Rahmen ihrer persönlichen sozialen Distanzen (in der Regel die eigene Armlänge) aufeinander zubewegen und sich die Hände schütteln. Das Zeigen und Schütteln der Hände ist im Prinzip eine uralte Geste, mit der unsere Vorfahren signalisierten, dass sie unbewaffnet sind. Somit ist das gegenseitige Händeschütteln eine vertrauensbildende Maßnahme.

Beruhigen

Wenn man sich einmal erhitzte Diskussionsrunden im Fernsehen anschaut, dann wird man sich als Zuschauer manches Mal fragen, wie ein Moderator seine Teilnehmer wieder beruhigen kann. Eine Variante wird mit Sicherheit der verbale Anteil von beruhigenden und damit auch deeskalierenden Worten sein. Die andere Möglichkeit ist, beschwichtigende Gesten zu gebrauchen. Eine Handbewegung mit beruhigendem

Einen guten Überblick über menschliche Körpersprache, Gestik und Mimik bieten A. Schwarz und R. Schweppe in ihrem *Lexikon der Körpersprache* (1998)

Beim Kritisieren
sollte man keine
körperlichen
Mauern aufbauen
und nicht persön-
lich werden

Charakter ist das langsame nach unten Bewegen der geöffneten Hände. Sie symbolisieren Beruhigung oder auch ein langsameres und leiseres Sprechen. Diese Geste bedeutet in ihrer Grundlage auch Offenheit gegenüber dem Kommunikationspartner und die Fried-fertigkeit der eigenen Absichten, die durch das offene Zeigen der Hände demonstriert werden.

Kritik

Wenn ein Mensch »Kritik« hört, ist seine Interpretation dieses Wortes meist negativ besetzt. Dabei ist Kritik von ihrer Funktion her eigentlich sowohl als positiver als auch negativer Aspekt in der Bewertung einer Handlung zu begreifen. Kritik soll also dazu dienen, einer Person bei ihrer weiteren Entscheidungsfindung zu helfen. Es ist wichtig in diesem Zusammenhang persönliche Angriffe zu vermeiden und auf der Sachebene der Handlung zu bleiben.

Wie sieht nun eine kritikbegleitende Körpersprache im Idealfall aus?

▶ Einnehmen einer aufrechten Haltung bei gleichzeitigem Blick-kontakt und Zuwendung zu der Person.
▶ Öffnung der Gesamtkörperhaltung, indem Arme, Beine und Hand-flächen geöffnet werden.
▶ Das Übereinanderschlagen der Beine oder das Verschränken der Arme sollte vermieden werden, denn dadurch baut man selbst sehr schnell eine schwer zu überwindende Mauer auf.

Dies sind Körperhaltungen, die dem Kommunikationspartner Offenheit vermitteln und auch die Angst vor einer negativ gefärbten Reaktion nehmen können. Im Umkehrschluss gibt es natürlich auch die äußerst negativ gefärbte Körpersprache. Diese Formen der Mimik und Gestik kann man dann getrost auch als »Kommunikationstöter« begreifen. Die Schwierigkeit dabei ist, dass man sich dieser meist un-bewussten nonverbalen Reaktion nur schwer entziehen kann. Hierzu einige Beispiele:

▶ Das Absenken des Kopfes signalisiert stillen Protest und einen beginnenden Rückzug aus dem Gespräch.

▶ Erheblich massiver und für die andere Person deutlicher zu erkennen ist das Abwinken mit der Hand, was deutlich ein »Nein« zu der Situation zum Ausdruck bringt.

▶ Daneben gibt es noch weitere Gesten wie das Anheben der Augenbrauen und/oder das Rollen der Augen. Diese stellen einen hochgradigen Ausdruck der Verachtung für den Kommunikationspartner und keine Lösung für eine zu besprechende Handlung dar.

Selbstbewusstsein

Selbstbewusstsein an sich ist im genetischen Code eines Menschen nicht verankert. Die Entwicklung dieser Eigenschaft erfolgt im Verlauf des menschlichen Lebens mit Hilfe von Rückkoppelungsmechanismen. Der Mensch und sein Selbstbewusstsein wachsen mit dem positiven Feedback einer bewältigten Aufgabe. Negative Rückmeldungen bei Problemstellungen bauen wiederum einen Teil des Selbstvertrauens ab. Wir haben es hier also mit einem permanenten Lernprozess zu tun. Die Frage dabei ist, ob ein Mensch sich mehr vom positiven oder vom negativen Ursache-Wirkungsprinzip leiten lässt. Wird die lernende Person beide Aspekte als notwendig für ihre Entwicklung betrachten, ist auch eine negative Rückmeldung als positiver Entwicklungsschritt zu betrachten. Es werden aus dieser Erfahrung die positiven Aspekte für neu anstehende Entscheidungen herausgefiltert. Umgekehrt fühlt sich eine nur negativ kritisierte Person hilflos gegenüber Problemen (»Ich mache es ja doch wieder falsch!«) und wird daraus mit Sicherheit kein Selbstvertrauen generieren. Wie kann nun eine glaubwürdige Demonstration von Selbstbewusstsein im Rahmen der Körpersprache aussehen?

▶ Aufrechtes Stehen bei gleichzeitiger Entspannung. Das Körpergewicht ist gleichmäßig auf beide Füße verteilt.

▶ Der Bewegungsablauf des Gehens ist kraftvoll und locker.

▶ Die Schultern sind leicht herausgestellt und die Atmung ist ruhig und gleichmäßig.

Selbstbewusstsein ist ein ständiger Lernprozess und entwickelt sich über eine positive Grundhaltung

»Selbstbewusstsein setzt sowohl Handlungsfähigkeit als auch Eigeninitiative voraus«

A. Hugo-Becker/ H. Becker aus *Motivation* (1997)

▶ Demonstration wirklicher Gelassenheit und Vermeidung von ausschließender, aggressiver und/oder dominierender Gestik.

▶ Offener Blickkontakt mit dem Gesprächspartner.

▶ Kratzen im Kopfbereich sowie das teilweise Zuhalten des Gesichtes mit der Hand sollte vermieden werden.

▶ Zuwendung des Körpers zu Ihrem Gesprächspartner. Sie zeigen ihm dadurch Ihre ungeteilte Aufmerksamkeit. Das sporadische Lächeln dabei bitte nicht vergessen.

Wer Selbstbewusstsein zeigt, wird von seiner Umgebung mit einem positiven Feedback bedacht, was wiederum zu einer besseren Entwicklung des Selbstvertrauens führt.

Stress

In der heutigen Gesellschaft wird das Wort »Stress« vielfältig verwendet. Es geht von Problemen in Beziehungen, einem Überangebot von Möglichkeiten in der arbeitsfreien Zeit (»Freizeitstress«) bis hin zu der Bedeutung von Überanstrengung am Arbeitsplatz.

WISSENSWERT

Stress – eine Definition: Stress ist eine natürliche Körperreaktion. Man unterscheidet zwischen Stress und den sogenannten Stressoren als auslösende Faktoren. Hierfür unterscheidet man drei typische Phasen:

Drei Stressphasen

1. Alarmreaktion: Sie besteht aus einem Initialschock mit verringerter Widerstandskraft. Gleichzeitig werden körperliche Abwehrmechanismen aktiviert.
2. Resistenzphase: Optimale körperliche Anpassung an das erhöhte Stressniveau.
3. Erschöpfungsphase: Sie wird durch den Zusammenbruch des Anpassungsverhaltens gekennzeichnet.

Was bedeutet diese Erklärung? Stressauslösende Faktoren werden von unserer Psyche wie ein Angriff gedeutet. Unser Körper erhöht seine Abwehrbereitschaft durch einen gesteigerten Adrenalinspiegel. Blutdruck, Puls und Atmung werden erhöht. Für diesen Moment unwichtige Systeme (Verdauung, Sexualtrieb, Nahrungsaufnahme) werden in ihrer Leistung zurückgefahren. Somit stellt Stress eine Belastung dar, der unser Körper auf die Dauer nicht gewachsen ist. Nach einiger Zeit mit erhöhtem Stress stellt sich Erschöpfung ein, die der Körper zur Erholung braucht.

Wie sieht nun unsere Körpersprache unter Stressbedingungen aus? Man kann beobachten, dass Menschen in Spannungssituationen ihre Hand an die Stirn pressen, als wollten sie den »rauchenden« Kopf abkühlen. Durch das Handauflegen an die Stirn wird es einem Menschen erleichtert, seinen Ansturm von ungeordneten Gedanken in Bahnen zu lenken und sich somit auf die wesentlichen Dinge einer Konfliktsituation zu konzentrieren. Ein ähnlicher Effekt wird dadurch erzielt, dass man seine Hand in den Nacken legt um ihn abzustützen. So soll die sich unter Stressbedingungen oft stark verkrampfende Nackenmuskulatur unterstützt werden.

Weitere Symptome von Stresseinflüssen kann man an den Augen beobachten. Es sollen hier vier mögliche Augensignale dargestellt werden:

1. Sporadisches Flattern der Augenlider.
2. Trotz aktiver Gesprächsbeteiligung verweilen die Augen länger auf anderen Dingen als beim Gesprächspartner.
3. Schneller Wechsel von Ansehen und wieder Wegschauen vom Gesprächspartner.
4. Die Augen schließen sich in der Blinzelphase länger als normalerweise üblich.

Wie man hieraus erkennt, ist Stress eine für den Menschen nicht lange zu bewältigende Reaktion seines Körpers. Im Beruf sollte man es durch eine gute Arbeitsorganisation erst gar nicht zu Stress kommen lassen.

Stress ist eine natürliche Reaktion und äußert sich durch viele Symptome

Lesenswert: *Arbeits- und Organisationspsychologie* von Siegfried Greif u. a. (1997)

Unsicherheit

Unsicherheit gibt es in den verschiedensten Bereichen unseres Lebens. Hier soll allerdings nur auf den Bereich der Unsicherheit eingegangen werden, der auf »Nicht-Wissen« beruht.

Nach oben gezogene Schultern und geöffnete Hände bei leicht gespreizten Armen: Wer kennt diese Geste nicht? Sie ist ein weit verbreiteter Ausdruck des Bedauerns, wobei sich der nicht-wissende Partner mit dieser Geste entschuldigt. Eine ähnliche Geste ist das Zeigen der leeren, umgedrehten Hände, das aussagt »Ich habe keine Ahnung.« oder »Das ist nicht mein Problem.«

Das Auflegen der Hand auf die Brust ist eine Geste der Verunsicherung, die bei Anschuldigungen zu beobachten ist. Sie bedeutet: »Wieso gerade ich?« Ein Klassiker unter den Unsicherheitsgesten ist das Kratzen oder Reiben am Kopf. Diese Geste ist unscheinbar, aber sie verrät trotzdem Unsicherheit.

EXPERTENTIPP

Unsere Körpersprache verrät viel über unsere positiven und negativen Eigenschaften. Körpersprache ist vielfältig und man kann sie unbewusst oder auch bewusst einsetzen, um eigene Ziele zu erreichen oder andere Menschen zu beeinflussen.

7.3 Das Training unserer Körpersprache

Das unbewusste Element der Körpersprache soll bewusst gemacht werden, damit wir im Rahmen unserer Kommunikation im Arbeitsleben und anderen Situationen unser Gegenüber aktiv beeinflussen können. Denn wer seine Schwächen kennt, kann sie trainieren und dann auch in Stärken umsetzen. Der Mensch als permanent lernendes Wesen bezieht sein Wissen und seine Erfahrungen von seinem sozialen

Umfeld her und von Institutionen wie der Schule und der Universität oder aus der Berufsausbildung.

Das heißt, dass uns unser Leben lang Modelle umgeben, von denen wir auch für unser Verhalten lernen.

Das Modell-Lernen

Menschen übernehmen Verhaltensweisen oder Problemlösungsstrategien von anderen Personen, wenn sie diese als für sich praktikabel empfinden. Man sieht als Auszubildender, wie der eigene Ausbilder den Arbeitsvorgang in der Theorie erklärt und dann in die Praxis umsetzt. Der Ausbilder stellt hier das Vorbild dar, über das der Auszubildende durch das Vor- und Nachmachen eine für ihn neue Fertigkeit erlernt.

Man kann auch technische Hilfsmittel wie Videogeräte oder Rollenspiele einsetzen. Der Grundgedanke bleibt aber: Über das Vorbild anderer Personen sollen Verhaltensweisen gelernt werden, mit denen man im Beruf und im Privatleben erfolgreicher agieren kann. Dazu lernt man im Rahmen eines Trainings erst einmal seine Schwächen und Stärken kennen, um für sich festzustellen: »Wo stehe ich und was will ich erreichen?«

Die Videoaufzeichnung einer Übung kann für den Einzelnen eine große Hilfe sein. Denn hier sieht man seine unbewussten Verhaltensweisen der Körpersprache dokumentiert. Der Teilnehmer erkennt nun Stärken und Schwächen seiner verbalen und nonverbalen Kommunikation und kann sie mit Hilfe seines Seminarleiters und der anderen Kursteilnehmer im Einzelnen durchsprechen und üben. Dieses Üben kann dann mithilfe des Vorbildes erfolgen. Das Vorbild zeigt eine Verhaltensweise am Beispiel einer Konfliktsituation, die zum einen den Status des Modells als Vorgesetzter nicht gefährdet und zum anderen den Untergebenen nicht als Verlierer dastehen lässt. Solche Verhaltensänderungen in Spannungssituationen werden dann – immer wieder auch in Abwandlungen – geübt. Das Vorbild spielt eine Situation wiederholt durch und die lernende Person kann das gezeigte Verhalten auf ihre eigene Situation im Betrieb übertragen und so neue Problemlösungsstrategien umsetzen.

Verhaltensweisen und Bewegungen werden von anderen Personen übernommen – man lernt quasi am Modell

Siehe auch: *Theorien des Lernens II* von Bower/ Hilgard (1988)

Rollenspiele
zeigen, wie
Gestik und Mimik
Konfliktlösungen
unterstützen
können

Was vermittelt ein Rollenspiel?

Auch ein Rollenspiel ist eine Form des Modell-Lernens. Ein Teilnehmer in einem Kurs spielt zum Beispiel einen Mitarbeiter, der über Missstände im Betrieb stark verärgert ist und deshalb ein Gespräch mit seinem Vorgesetzten führen will. Wenn der Vorgesetzte nun auch noch durch seine eigene Mimik und Gestik Aggression ausstrahlt und nichts zur Entspannung der Situation beiträgt, bekommen die Zuschauer des Rollenspiels einen Eindruck davon, wie ein Konflikt an Eigendynamik gewinnt und weiter eskaliert.

Im vorangegangenen Kapitelteil sind einige Beispiele für Gestik und Mimik aufgeführt worden. Wie wird nun der Gesprächsuchende reagieren, wenn sein Vorgesetzter ihn durch eine freundliche Begrüßung erst einmal beruhigt und durch aufmerksame Mimik sein Interesse gegenüber dem Anliegen des Mitarbeiters zum Ausdruck bringt? Durch die Ausstrahlung von Selbstbewusstsein und Ruhe kann eine Führungskraft einer solchen Situation die Stressbeladenheit nehmen und eine Lösung vorbereiten.

Das Vorbild zeigt den Teilnehmern, wie eine potenzielle Lösung einer Konfliktsituation aussehen könnte. Um den lernenden Personen auch eine Rückmeldung ihres Lern- oder auch Misserfolgs zu vermitteln, kann man hier mit dem Prinzip der positiven und negativen Verstärkung arbeiten. Dies ist eine Form von positiven oder negativen Rückmeldungen für Verhaltensweisen, die in einer Situation gezeigt oder nicht gezeigt werden sollen. Eine richtig gezeigte Verhaltensweise wird durch eine positive, das Selbstbewusstsein steigernde Rückmeldung verstärkt und eine für die Situation falsche Handlungsweise dementsprechend durch negative Kritik.

Ein weiteres Verfahren im Bereich der positiven und negativen Rückmeldung ist das Token-Economy-Prinzip. Hier werden für richtig gezeigte Verhaltensweisen Belohnungen in Form von zum Beispiel Kunststoffchips ausgegeben und bei gezeigten Fehlhandlungen müssen diese Chips auch wieder abgegeben werden. Am Ende eines Seminars für Kommunikation können die übriggebliebenen Chips der positiven Verhaltensweisen dann gegen eine endgültige Belohnung eingetauscht werden.

Token-Economy-
Prinzip

Im betrieblichen Rahmen kann das Token-Economy-Prinzip für die Mitarbeitermotivation an konfliktträchtigen Arbeitsbereichen eingesetzt werden (zum Beispiel im Beschwerdemanagement). Mitarbeiter, die an einem solchen hochgradig stressbeladenen Platz arbeiten, könnten bei richtig gezeigtem Umgang mit der unzufriedenen Klientel durch Sonderurlaub belohnt werden.

Angemessenes Verhalten kann sich auch aus materiellen Anreizen entwickeln

7.4 Das Neuro-Linguistische Programmieren (NLP)

Ihre Körpersprache ist sprichwörtlich ein Spiegelbild Ihrer Befindlichkeit. Fühlen Sie sich ausgeruht und gut, wird Ihre Gestik und Mimik dies transportieren. Genauso können Ihre Mitmenschen an Ihrem nonverbalen Verhalten erkennen, ob Sie gelangweilt, demotiviert oder gereizt sind. Insbesondere in Konfliktgesprächen ist es Ihre Aufgabe als Führungskraft, eine Situation zu deeskalieren und eine konstruktive, angenehme Atmosphäre zu schaffen. Wenn Ihre Einstellung und innere Befindlichkeit der Aufgabe entgegensteht, werden dies die Konfliktparteien bemerken. Wir möchten Ihnen eine Möglichkeit vorstellen, wie Sie Ihre Einstellung beeinflussen können. Diese positive Grundhaltung wirkt sich förderlich auf Ihre verbale und non-verbale Kommunikation aus und hilft Ihnen dabei, die Opponenten vom Sinn einer zielorientierten Zusammenarbeit zu überzeugen.

Der Zweck des Neuro-Linguistischen-Programmierens ist es, Ihr Denken über Ideen und Menschen positiv zu beeinflussen. Im Vordergrund steht dabei, die Effizienz der Kommunikation zu erhöhen. NLP entstand in den frühen siebziger Jahren im Bereich der verschiedenen Formen der Psychotherapie. Es findet seinen Anwendungsbereich in der effektiven Kommunikationsgestaltung, persönlichen Veränderungen, einer Beschleunigung des Lernens und einer positiven Einstellung zum Leben an sich. Ausgehend von den ursprünglichen Ansätzen aus dem Bereich der Psychotherapie entwickelte sich NLP in zwei sich ergänzende Richtungen weiter.

Zur Beschäftigung mit NLP empfiehlt sich *NLP: Gelungene Kommunikation und persönliche Entfaltung* von J. O'Connor und J. Seymour (1999)

Beeinflussen
Sie Ihre Ein-
stellung – und
kommunizieren
Sie effektiv!

1. Verfahren zur Entdeckung von Mustern für positive Leistungen.
2. Zusammenstellung von effektiven Möglichkeiten des Denkens und Kommunizierens von erfolgreichen Menschen.

Der Ausdruck NLP enthält drei grundlegende Begriffselemente:

NEURO

Das gesamte Verhalten eines Menschen wird über seine Sinne gesteuert. Das heißt, die Erfahrungen des Individuums leiten sich aus den Prozessen des Berührens, Empfindens, Hörens, Schmeckens, Riechens und Sehens ab. Der Mensch erfährt seine Umgebung durch seine fünf Sinne und gibt den auf ihn einströmenden Informationen Sinn und Bedeutung. Der neurologische Aspekt eines Menschen umfasst also nicht nur seine Gedankenprozesse, sondern auch seine sichtbaren Reaktionen auf Gedanken und reale Ereignisse. Gedanken beeinflussen seine körperlichen Reaktionen, die wiederum die Gedanken beeinflussen. Der Mensch wird somit als nicht trennbare Einheit zwischen Geist und Körper verstanden.

LINGUISTIK

Der Mensch benutzt hauptsächlich seine Sprache, um mit anderen zu kommunizieren. Er bedient sich seiner Sprache, um seine Gedanken und sein Verhalten zu strukturieren.

PROGRAMMIEREN

Das Programmieren bezieht sich auf die Möglichkeiten, die Handlungen und Gedanken besser steuern und demzufolge die gewünschten Ergebnisse erzielen zu können.

NLP handelt also von der Struktur der subjektiv gemachten Erfahrungen eines Menschen und wie wir das, was wir fühlen, sehen und hören besser steuern können. Außerdem werden eingehende Reize von unserer Umwelt auch noch von unseren Sinnen bearbeitet und gefiltert. Des Weiteren erforscht NLP, wie der Mensch seine Umgebung mit Sprache beschreibt und wie wir uns verhalten, sei es beabsichtigt oder unbeabsichtigt, um Ergebnisse hervorzubringen.

Was verbirgt
sich hinter dem
Begriff NLP?

Nach dieser theoretischen Einführung wollen wir im folgenden drei klassische NLP-Techniken beschreiben:

1. Swish-Technik
2. Phobie-Technik
3. Lösung innerer Konflikte

Die Swish-Technik

Wenn uns etwas stört, bemühen wir uns um Veränderung. Wir legen dort ein bestimmtes, manipulatives Verhalten an den Tag. Wenn jemand der eigenen Meinung widerspricht, reagieren manche Menschen zum Beispiel aggressiv auf den »Widersacher«. Möchten diese Menschen ihre innere Gewohnheit ablegen, weil es sich im Kern um ein unerwünschtes Verhalten handelt, kann dies mittels der Swish-Technik erreicht werden. Die erste Frage lautet: Welches ist nun der ganz bestimmte Reiz, der diese Aggressivität auslöst und das eigene Verhalten bestimmt? Stellen Sie sich eine Situation vor, in der es zu diesem Verhalten kommt. Versuchen Sie, sich Lösungsvarianten vorzustellen, die eine nicht-aggressive Reaktion auslösen. Im nächsten Schritt denken Sie nun daran, wie Sie sich in der Situation Ihr Verhalten wünschen würden. Dieses neue Reaktionsbild, das Sie sich vor Ihrem geistigen Auge aufgebaut haben, muss nun noch dahingehend überprüft werden, ob es zur eigenen Persönlichkeit, zur eigenen Umwelt und unseren Beziehungen passt. Wenn Sie nun gedanklich zu Ihrer alten Reaktionsform zurückkehren, können Sie erkennen, wie Sie eigentlich nicht reagieren möchten. Stellen Sie sich nun wiederum Ihr neues und positives Reaktionsbild vor. Es sollte nun möglich sein, aufgrund des vorher gedanklich hergestellten positiveren Selbstbildes, das alte »aggressive« Reaktionsschema gedanklich auszublenden. Diese Übung ist dann mehrfach hintereinander sehr schnell zu wiederholen – »swish« bezeichnet schließlich ein emsiges Hin- und Hersausen. Durch positives Feedback Ihres neuen Verhaltensmusters wird es dann zu einer Verstärkung des neuen Wunschbildes und zu einer Löschung der alten Verhaltensweise kommen.

NLP will helfen, über Erfahrungen und Wahrnehmung das Verhalten zu steuern

Ebenfalls lesenswert ist Gisela Geigers *NLP – erfolgreiches Konfliktmanagement* (1998)

Die Swish-Technik will neue Verhaltensweisen entwickeln und verstärken

BEISPIEL

Frau Wendt hat sich nach einer Baby-Pause auf eine ausgeschriebene Führungsposition in einem Industrieunternehmen beworben. Sie hat mehrjährige Managementerfahrung in der Branche, leidet aber unter der Angst, in den zurückliegenden Jahren den Anschluss verloren zu haben. Jedesmal wenn sie an das morgige Einstellungsgespräch denkt, bekommt sie das Gefühl, alles um sie herum würde dunkel werden und eine Bedrohung darstellen. Sie sitzt zu Hause an ihrem Schreibtisch und hat Angst, dass sie sich zu viel vorgenommen hat und sich beim Gespräch blamieren wird. Ihre Miene verdunkelt sich. Frau Wendt stellt sich die Gesprächssituation mit all ihrer Angst wie ein großes dunkles Bild vor. Doch sie hat auch eine zweite Vorstellung. Ein kleines helles Bild in der Ecke des Schwarzen. Die Helligkeit macht ihr keine Angst, denn sie steht für ein gutes Gespräch und einen entsprechenden Arbeitsvertrag. Nun beginnt sie immer mehr an das helle Bild zu denken, das in ihrer Vorstellung schöner ist. Das Dunkle dagegen ist hässlich. Das helle Bild beginnt nun in immer kürzeren Abständen die Dunkelheit der Gesprächsangst zu verdrängen. Durch eine positive, innere Gestimmtheit beginnt sie, ihre Angst zu verlieren und am nächsten Tag im Gespräch ist das helle Bild größer als das dunkle. Ruhig und selbstbewusst bewirbt sie sich erfolgreich um die Stelle.

Die Phobie-Technik

Eine Phobie resultiert aus einer unangenehmen Erinnerung, in der man ein entsprechend schlechtes Gefühl entwickelt hat. Das schlechte Gefühl entsteht aus der Art und Weise der Erinnerung an sich. Die Person begibt sich auf die Reise in die eigene Vergangenheit und sucht aktiv nach diesem sehr unangenehmen Ereignis oder geht zu der Situation, die ihrer Meinung nach die Phobie auslöste. Die Person wird nun instruiert, sich selbst und die Phobiesituation wie in einem Kino zu sehen und sich der phobisch besetzten Situation geistig zu nähern. Die weiteren Schritte bestehen nun darin, diese Situation neu zu empfinden und sich auch wieder geistig zurückzuziehen. Wichtig dabei ist, sich

Mit Visualisierungen zur Veränderung

selbst immer wieder in Gedanken der Angstschwelle zu nähern und dabei Folgendes zu erkennen: wenn man die Situation realistisch betrachtet, gibt es eigentlich keine rationale Begründung für die ängstliche Reaktion.

Beispiele für die Anwendung der Phobie-Technik sind:

▶ Angst in der Kindheit vor Amtspersonen – Angst im Hier und Jetzt vor dem Vorgesetzten und daraus resultierendes unsicheres Verhalten gegenüber dem Chef.
▶ Früher Vermeidung jeglicher Auseinandersetzung – heute Unterdrückung und Verdrängung von Konflikten und ihrer offenen Austragung.

Eine Phobie muss hier als automatisierte Reaktion verstanden werden, die auf nicht-rationalen Gedankengängen beruht und sich bei wiederkehrender Konfrontation mit der angstbesetzten Situation selbst ad absurdum führt.

Lösung innerer Konflikte

Wenn in Ihrem Inneren Gedanken und Meinungen im Konflikt miteinander stehen, müssen Strategien angewendet werden, die diesen inneren Interessenskonflikt in Übereinstimmung mit Ihrer Persönlichkeit lösen können. Finden Sie Ihr inneres Gleichgewicht wieder! Um sich aus der Zwickmühle zu befreien, werden die beiden gegensätzlichen Seiten getrennt. Ein Anteil in Ihnen möchte dieses, der andere jenes. Jeder der Teile bringt Ihnen einen Vorteil, aber nur eine der Alternativen können Sie realisieren. Behandelt man nun die beiden Aspekte gedanklich wie eigenständige Personen, können Vor- und Nachteile getrennt von einander »besprochen« werden. Sie verschaffen sich dadurch, dass Sie Gegensätze deutlich herausarbeiten, ein klares Bild der jeweiligen Alternative. Diese innere Diskussion erfordert Geduld. Mit der Zeit werden Sie aber erkennen, welcher Option Sie den subjektiv größeren Vorteil für Ihre Gesamtperson zusprechen – und damit ist die Entscheidung getroffen.

Mit der Phobie-Technik soll man Ängste und daraus folgende automatisierte Reaktionen überwinden

Zur Phobie siehe auch *Panik* von Margraf und Schneider (1990)

Diskutieren Sie innere Widersprüche aus – lassen Sie sich selbst auch mehr Zeit

BEISPIEL

Herr Schulz wird am Nachmittag ein Konfliktgespräch moderieren. Er weiß, dass beide Parteien emotional aufgewühlt sind und mit einem beträchtlichen Aggressionspotential in die Unterredung gehen. Für ihn stellt sich die Frage, ob er von Beginn an zurückhaltend und beobachtend oder autoritär und direkt in das Geschehen eingreifen soll. Herr Schulz sagt sich: »Der eine Teil von mir will die Konfliktparteien gewähren lassen. Der andere Anteil in mir möchte das Gespräch autoritär in geordnete Bahnen lenken.« Er überlegt, welchen Vorteil ihm die zurückhaltende Alternative bietet: »Moderiere ich zurückhaltend, haben beide Parteien die Möglichkeit, ihre Meinungen unverfälscht zu äußern. Auf die entscheidenden Streitpunkte werden sie von alleine zu sprechen kommen.« Was kann die zweite Alternative leisten? »Wenn ich massiv eingreife, verhindere ich eine explosionsartige Eskalation. Ich kann das Gespräch so steuern, wie ich es für richtig halte.« Von seinem zurückhaltenden Anteil erhält Herr Schulz die folgende Rückmeldung: »Das ist richtig, birgt aber die Gefahr, dass die Konfliktparteien durch die autoritäre Gesprächsmoderation davon abgehalten werden, das offen auszusprechen, was sie bewegt. Die Gesprächsbereitschaft der Parteien kann leiden.« Herr Schulz entscheidet sich, das Gespräch am Nachmittag zunächst zurückhaltend und abwartend zu moderieren.

Dem NLP liegt eine positive Einstellung gegenüber der eigenen Person mit ihren Stärken und Schwächen zugrunde. Weiterhin muss aber auch der Wille zu einer positiven Veränderung gegeben sein, der daraus resultiert, dass man sich mit sich selbst auseinander setzt. Vor diesem Hintergrund kann man sich immer wieder neuen Herausforderungen stellen, ohne an diesen zu zerbrechen. Der Gedanke beim morgendlichen Aufstehen könnte dann dahingehend lauten: »Ich kann den Tag bewältigen, weil ich für mich selber weiß, dass ich das Können und die charakterliche Stärke für die anstehenden Aufgaben besitze!«

Stehen Sie Ihren Stärken und Schwächen positiv gegenüber

AKTIONSPLAN

Überprüfen Sie Ihre Körpersprache

Oft ist das Bewusstsein für die eigene Körpersprache im Denken und Handeln des einzelnen Menschen nicht verankert. Insbesondere für Führungskräfte ist das gezielte Training ihrer Körpersprache jedoch sehr wichtig, denn mit ihren nonverbalen Signalen kommunizieren sie unbewusst viel Informationen an Mitarbeiter, Kollegen und Vorgesetzte.

1. Schätzen Sie Ihre Körpersprache ein

Beobachten Sie bewusst über einen Zeitraum von vier Wochen Ihre Mitmenschen und sich selbst in verschiedenen Gesprächssituationen. Kopieren Sie sich die nachfolgende Tabelle und tragen Sie sowohl Ihre Beobachtungen als auch die Schlüsse, die Sie daraus ziehen, ein.

Kommunikationssituation

Körpersprache
des Gesprächspartners

Eigene Körpersprache

Notizen zur Situation

Überlegen Sie im Anschluss an das Gespräch, ob Sie sich in der jeweiligen Situation richtig verhalten haben. Waren Sie mit Ihrer Körpersprache zufrieden?

Ja

Nein. Ich konnte meine Körpersprache noch nicht gezielt einsetzen.

Vorschläge zur Lösung des Problems

Wenn Sie sich in der Einschätzung der Körpersprache Ihres Gegenübers noch unsicher fühlen und auch Ihre eigene Gestik und Mimik noch nicht gezielt einsetzen konnten, überlegen Sie in welcher Situation Sie sich jeweils befunden haben:

Seite 173 ▶ Begrüßung
Seite 172 ▶ Ablehnung
Seite 173 – 174 ▶ Beruhigung
Seite 174 – 175 ▶ Kritik
Seite 175 – 176 ▶ Selbstbewusstsein
Seite 176 – 177 ▶ Stress
Seite 178 ▶ Unsicherheit

Lesen Sie in den entsprechenden Kapiteln Merkmale und Anregungen zur Körpersprache nach.

2. Checkliste für Konfliktgespräche

Machen Sie sich in zukünftigen Konfliktgesprächen die folgenden Punkte bewusst:

Seite 172 – 178 ▶ Überprüfen Sie Ihre Körperhaltung, Mimik und Gestik.

Seite 128 – 133 ▶ Bemühen Sie sich, gut vorbereitet und damit mental entspannt in die Gespräche zu gehen. Sie wirken dann auch gelassen! Ihre Gesprächspartner gestehen Ihnen leichter Kompetenz und Selbstbewusstsein zu.

Seite 178 – 181 ▶ Können Sie Ihre Körpersprache bewusst wahrnehmen und einsetzen? Trainieren Sie den Einsatz!

Seite 181 – 186 ▶ Lernen Sie, sich auch in schwierigen Lagen gut zu fühlen. Die Anwendung von NLP ist eine von vielen Menschen erfolgreich praktizierte Möglichkeit dazu. Sagen Sie nach dem Aufstehen zu sich selbst: »Dies wird ein erfolgreicher Tag!«

Seite 186 ▶ Glauben Sie an Ihren Erfolg und Ihre Kompetenz im Umgang mit anderen Menschen. Wenn Sie das nicht tun, wer dann?

Moderation in Konfliktsituationen

Das Kapitel dieses Buches wird sich mit der Moderation von Konfliktsituationen beschäftigen. Dazu werden wir Sie mit Gesprächsstrategien, dem Umgang mit kommunikationshemmenden Killerphrasen und Gesprächsfallen, Feedback in schwierigen Situationen und dem Umgang mit stark emotional geprägten Ausbrüchen vertraut machen.

Ziel des Kapitels: Lernen Sie, Gefahrenpunkte zu umschiffen und das Gespräch doch noch gut zu Ende zu führen

8.1 Gesprächsstrategien

Welche Gesprächsstrategie eignet sich für Sie als Moderator von Konfliktgesprächen? Welche typischen Problemaspekte sollte Ihre Strategie auffangen können?

Individuelle Sichtweise

Die Sichtweise von Problemen in einer Konfliktsituation ist in der Regel sehr individuell. Jeder der Teilnehmer unterscheidet sich in seiner Wahrnehmung des Gesamtkonfliktes oder es kann sich auch ergeben, dass einer der Teilnehmer der Gesprächsrunde den Konflikt gar nicht als solchen erkennt. Ein mögliches Machtgefälle in der Hierarchie der Gesprächsteilnehmer (Vorgesetzter – Untergebene) kann für ein Übriges sorgen. Das Gespräch geht dann sehr schnell von der rationalen in eine emotionale Ebene über, wobei als Erstes die Objektivität der Teilnehmer und zum Schluss das zu diskutierende Kernproblem aus der Sicht aller Beteiligten gerät. Es kommt zu Ursachenzuschreibungen:

Eine gute Grundlage für die Gesprächsmoderation bildet *Moderne Kommunikation* von Josef W. Seifert (1999)

Menschen nehmen verschieden wahr, verschließen sich oder reagieren emotional

Die anderen Gesprächsteilnehmer seien »dumm« und verstünden einen selbst oder die dargelegten Zusammenhänge »überhaupt nicht richtig«.

Angst vor Schuldzuweisungen

Wenn ein Konflikt ansteht, beginnen viele Menschen sich bereits vor einer Diskussion innerlich zu verschließen. Automatisierte, ja geradezu zwanghafte Gedanken über mögliche Schuldzuweisungen gegenüber der eigenen Person tauchen schon vor dem Gespräch auf. Innerlich wird eine Abwehrhaltung eingenommen, die eine mögliche eigene Schuld an der Problematik von sich weist. Die Ursache eines Problems wird beim Gesprächspartner gesucht. Das eigentliche Ziel einer ursprünglich geplanten offenen Aussprache endet in stark emotional gefärbten Wortgefechten, wobei dann kein Konsens zwischen den Teilnehmern mehr zu finden ist.

Rationale und emotionale Orientierung

Rationalität und Emotionalität in einem sinnvollen Gleichgewicht zu halten ist für viele Menschen mit einer hochgradigen Anstrengung verbunden. Aufgrund ihrer verschiedenen Charaktereigenschaften reagieren manche Menschen in Konfliktsituationen cholerisch, während andere sich völlig in sich selbst zurückziehen.

Aufgrund dieser Eigenschaften sprechen manche Personen in solchen Situationen Dinge aus, die sie nach späterem Nachdenken lieber nicht gesagt hätten. Der ruhige, in sich gekehrte Kommunikationspartner ärgert sich nun wiederum möglicherweise über sich selbst, weil er in einer entsprechenden Situation auch gerne etwas gesagt hätte und dies aufgrund seiner ruhigen und rationalen Charaktereigenschaft aber nicht tat. Der stark emotional agierende Mensch, der mit lauter Stimme und entsprechender nonverbaler Untermalung agiert, wird in einer solchen Konfliktsituation aufgrund seiner hohen emotionalen Auffälligkeit aus Sicht von Dritten häufig als der Verlierer gelten, egal ob er im Recht ist oder nicht.

Balance von Emotionalität und Rationalität finden

Gefühle in Gesprächssituationen

Wie alle Menschen erleben auch Sie Ihre eigenen Gefühle als äußerst real. In einer Konfliktsituation müssen Sie dem Gesprächspartner ebenfalls dessen emotionale Züge zugestehen. Anderenfalls wird er sich nicht nur in seiner fachlichen Kompetenz angegriffen fühlen, sondern auch in seiner Persönlichkeit als solchen. Das wiederum kann in der Konfliktsituation dazu führen, dass er Sie nicht mehr als seinen gleichberechtigten Gesprächspartner, sondern als potentiellen Feind sieht.

Respektieren Sie den anderen als gleichwertig – notfalls muss ein Moderator eingreifen

Wie sehen nun adäquate Gesprächsstrategien aus?

Eine stark individualisierte Sichtweise von Problemen bei einem Konfliktgespräch ist einer angemessenen Lösung abträglich. Wenn Sie als Moderator erst einmal die Sichtweise jedes Anwesenden in einer Liste notieren, ohne dass einer der Anwesenden dazwischenreden darf, wird man am Ende überrascht sein, dass sehr viele Gemeinsamkeiten auftauchen und es im Grunde nur wenige Differenzen gibt. Das »Redeverbot« der jeweils wartenden Gesprächsteilnehmer beugt möglichen emotionalen Ausbrüchen schon in der Anfangsphase vor und wirkt somit deeskalierend. Weiterhin ist es wichtig, dass der einzelne Teilnehmer sich in dem Gespräch nicht persönlich angegriffen fühlt. Die am Anfang begonnene Ideensammlung bei einer offenen Aussprache soll dementsprechend nicht als Schuldzuweisung benutzt werden. Sind solche Tendenzen zu erkennen, muss die moderierende Person diese sofort und notfalls auch autoritär unterbinden. Denn ein offenes Gespräch, das in verbale Attacken, Gegenattacken und Rechtfertigungen abgleitet, ist für eine sinnvolle Problemlösung kontraproduktiv.

Sollen wir nun in Gespräche als gefühlskalte »Eisberge« hineingehen? Mit Sicherheit nicht, denn Rationalität und Emotionalität sind nun einmal Eigenschaften eines jeden Menschen. Leidenschaftlichkeit kann auch bei Konfliktgesprächen durchaus zu einem positiven Ergebnis führen, solange sie nicht verletzend oder herabwürdigend für die anderen Teilnehmer ist. Man kann auch in einem Gespräch rationale Beweggründe emotional untermalen. Allerdings sollten Sie diese

Zur Moderation von Konfliktgesprächen finden Sie weitere interessante Überlegungen in *Konfliktmoderation* von Alexander Redlich (1996)

Ein Moderator sollte das Gespräch sachlich und fokussiert halten

Untermalungen nicht mit lauter und gereizter Stimme oder im Ton einer »Gouvernante« vortragen. Dies würde dann das Ende der konstruktiven Kommunikation bedeuten.

EXPERTENTIPP

Gefühle sind auch in einem rein rationalen Problemlösegespräch nicht oder nur schwer zu unterbinden. Die Frage nach der Unterdrückung von Emotionen stellt sich im Grunde auch überhaupt nicht. Es ist eher die Frage, wie man mit auftretenden Gefühlen umgeht. Dies liegt in der Verantwortung der moderierenden Person. Sie darf ein Gespräch nicht von seinem strategischen Ziel – dem ursprünglichen Problem – wegdriften lassen. Hier bedarf es dann auch bei möglichen Eskalationen nicht unbedingt mehr der kooperativen, sondern dann eher einer autoritär-direktiven Gesprächsmoderation.

8.2 Der Umgang mit Killerphrasen

Immer wieder werden Konfliktgespräche durch Redewendungen angeheizt, deren Auswirkung wir unterschätzen. Widmen wir uns zunächst dem Begriff der Phrase. Eine Phrase ist eine Redewendung, die im Prinzip inhaltlich leer ist und umgangssprachlich sehr »abgedroschen« wirkt. Vom Grundgedanken her ist das Aussprechen einer Phrase mit einer Form von eigener Hilflosigkeit gegenüber einer Situation verbunden. Warum sagt ein Mensch bei einer Beerdigung zu den Hinterbliebenen »Mein Beileid«, obwohl er die verstorbene Person vielleicht überhaupt nicht leiden konnte? Hier verlangen die Werte und Normen unserer Gesellschaft das Aussprechen dieser Phrase. Eine andere Variante ist es, wenn ein Untergebener von seinem Vorgesetzten in Bezug auf Handlungsabläufe in einem Unternehmen den lapidaren Ausspruch hört: »Das machen wir hier immer so!«. Sämtliche Ansätze zu Neuerungen und Veränderungen in dieser Firma könnten so mit einem Schlag ausgelöscht worden sein.

Killerphrasen können Ansätze zur Veränderung torpedieren

Ein solcher Ausspruch ist für eine Motivation der eigenen Mitarbeiter nicht gerade zuträglich. Stellen Sie sich eine Gruppe von Untergebenen vor, die von ihrem Vorgesetzten aufgefordert wurde, zu einem Projekt neue Ideen und Wege zu entwickeln und deren Vorschläge mit einer solchen Phrase regelrecht »erstickt« werden. Hier wird durch einen simplen Ausspruch Kreativität und Motivation des Personals untergraben. Was passiert, wenn Sie dennoch mit dieser (beliebten) Phrase konfrontiert werden? Das Wichtigste ist, sich trotz dieser Reaktion nicht aus dem Gespräch zu entfernen und in Gedanken den Raum zu verlassen. Es gilt hier zu hinterfragen, warum es zu dieser Phrase gekommen ist. Die Möglichkeit, dass ein Vorgesetzter sich in seiner Kompetenz durch Neuerungen, die möglicherweise Verbesserungen bedeuten, angegriffen fühlt, darf man dabei nicht außer Acht lassen. In diesem Fall haben wir es mit einer Verzerrung der Wahrnehmung zu tun. Die Untergebenen entwickeln nach bestem Wissen und Gewissen neue Vorschläge für den weiteren Erfolg des Unternehmens. Der Vorgesetzte erkennt für sich selbst auch die Güte der Vorschläge. Aber er darf sie seiner Meinung nach nicht annehmen, wenn diese Vorschläge seine Kompetenz als Vorgesetzter in Frage stellen könnten und damit auch einen Machtverlust bedeuten. Der rhetorische Werdegang dieses Gespräches endet damit in einer Phrase, die eine weitere Kommunikation erschwert oder gar unmöglich macht.

Killerphrasen kommen selten aus dem Nichts – erforschen Sie die Hintergründe

EXPERTENTIPP

Killerphrasen sind häufig ein Ausdruck der eigenen Hilflosigkeit in einer Situation. Sie können die Motivation von Untergebenen zerstören, sodass für kommende Gespräche der Gedankengang aufkommen kann: »Es ist egal was ich vorschlage, er hört ja sowieso nicht darauf!« Als Vorgesetzter sollten Sie sich selbst prüfen, inwiefern Sie Veränderungen und Neuerungen gegenüber aufgeschlossen sind und diese annehmen können, ohne den Hintergedanken von Machtverlust oder der Beschränkung der eigenen Kompetenz zu hegen. Dieses bedarf natürlich einer ehrlichen Selbstbeobachtung Ihrer Gedanken und Reaktionen.

Ebenfalls lesenswert: York-Axel Weidemanns *Konfliktmoderation* (1994)

Rhetorische
Fragen und das
Herausfordern
der anderen
Seite bergen
Zündstoff,
den es zu ver-
meiden gilt

8.3 Der Umgang mit Gesprächsfallen

Jemanden bei einer Besprechung in eine Falle oder eine Sackgasse zu bringen, bedarf schon einiger rhetorischer Fertigkeiten. Man möchte im Prinzip durch eine geschickte eigene Gesprächsführung sein Gegenüber auf die eigene Seite herüberziehen und damit die Stärkung der eigenen Position erreichen.

»Würden Sie das Problem nicht genauso sehen?«

Diese rhetorische Frage, auf die im Grunde genommen gar keine Antwort erwartet wird, kann dann angewendet werden, wenn der Gesprächspartner in seiner Argumentation zu schwanken beginnt und seine Mimik und Gestik bereits signalisiert: »Ich bin unsicher!« Man sieht also, dass eine Gesprächsfalle nicht unbedingt eine verunsichernde und machtuntergrabende Intention haben muss, damit man die nötige Unterstützung für die eigene Argumentation bekommt.

Eine weitere Möglichkeit besteht darin, keine eigenen Argumente zu benutzen um ein Problem zu bearbeiten, sondern sich der Aussagen der Gesprächspartner zu bedienen. Diesen wird mithilfe ihrer eigenen Problemlösungsstrategien sozusagen ein »Spiegel« vorgehalten, den man zur Erreichung der eigenen Ziele nutzt. Man selbst gibt bei der Anwendung dieser Strategie nichts von den eigenen Gedankengängen preis. Die Folge ist, dass man sich nicht angreifbar macht und keinen Kompetenz- oder Machtverlust riskiert. Die andere Seite ist dadurch gezwungen sich regelrecht zu einem Thema zu offenbaren, während man sich selbst in Lauerstellung befindet. Man wartet darauf, dass das Opfer damit beginnt sich selbst zu widersprechen. Die Folge ist dann, dass nicht mehr rational argumentiert wird, sondern ein gefühlsbetonter Meinungsaustausch beginnt. Das Gefühl hat über die Vernunft gesiegt und die emotional reagierende Partei hat verloren.

Ein Moderator
muss neutral
und integer
bleiben – auch
beim Feedback

E X P E R T E N T I P P

Das Erkennen der Absichten Ihrer Gesprächspartner und deren Verhalten in der Gesprächsgruppe, hilft Ihnen, möglichen Gesprächsfallen zu entgehen. Als Moderator sollen Sie erkennen, inwieweit andere Gesprächsteilnehmer Ihre Person für ihre Zielerreichung benutzen. Stärkt man durch andauerndes eigenes Reden die eigene Position oder schwächt man sie, indem man sich selbst angreifbarer macht? Dies hängt von den Absichten der anderen ab. Ruhiges Zuhören und sachliches Argumentieren ist hier mit Sicherheit eine bessere Strategie als verbal-emotional und stark nonverbal geführte Gespräche.

8.4 Feedback in schwierigen Situationen

Wie geht man mit einer Kommunikationssituation um, die in der Gesprächsphase schon emotional hoch belastet war und zu der man den Teilnehmern dann eine Rückmeldung geben soll? Vergegenwärtigen Sie sich noch einmal die Feedbackregeln von Seite 153!

Vom Moderator sind Ansichten, Erkenntnisse und Beobachtungen über die feedbacknehmende Person neutral zu übermitteln. Sie dürfen vom Gesprächspartner nicht als Angriff auf die eigene Integrität verstanden werden. Die feedbacknehmende Person muss die innere Bereitschaft zeigen, Kritik offen gegenüberzustehen, sie zu verinnerlichen und für sich selbst auch verstehen zu wollen. Feedback hat hier nichts mit aggressivem verbalen und nonverbalen Verhalten des Moderators zu tun. Kritische Kommentare muss die feedbacknehmende Person bereitwillig annehmen, solange sie nicht ins Persönliche gehen. Die Argumentation des Kommentars hat auf der Sachebene und nicht auf der Beziehungsebene zu erfolgen. Eine Bewertung durch die moderierende Person darf nicht erfolgen. Das Feedback hat einen rein beschreibenden Charakter. Verbalattacken haben zu unterbleiben. Dem Empfänger des Feedbacks soll durch diese Kritik geholfen werden, sich

Guter Einstieg:
*Feedback
geben* von
Jörg Fengler
(1998)

Feedback will helfen und sollte nicht erst nach langer Zeit erfolgen

auf weitere Situationen vorzubereiten. Feedback dient der Weiterentwicklung und nicht der Vernichtung von Personen. Problematisch kann es werden, wenn der Moderator auch gleichzeitig der Vorgesetzte der anwesenden Personen ist und somit nicht oder nur unter Schwierigkeiten ein neutrales Feedback geben kann. Die Eskalation in persönliche Schuldzuweisungen hat zu unterbleiben, um eine weitere Kommunikation zu ermöglichen.

Was soll Feedback beim Empfänger bewirken? Diese Form der Rückmeldung ist an veränderliche Eigenschaften oder Verhaltensweisen gerichtet. Feststehende Charakterzüge sind durch Feedback nicht zu kommentieren, da dann ein Angriff auf die Person stattfindet, der mit der eigentlichen Kritik am Sachverhalt nichts mehr zu tun hat. Die Situation würde entsprechend stärker eskalieren (unter der Annahme, dass sie schon vorher angespannt war).

BEISPIEL

Sie treffen Ihren Vorgesetzten eine Woche nach einer Diskussionsrunde, die emotional stark beladen war, im Foyer des Firmengebäudes. Er spricht Sie auf die Diskussion der letzten Woche an und möchte Ihnen seine Meinung zu Ihrem Verhalten sagen. Ist das so korrekt?

Diese Frage muss mit »Nein« beantwortet werden, da sich der Mitarbeiter vielleicht noch an die Gesamtsituation erinnern kann, aber nicht mehr an alle kleinen Einzelheiten. Es ist nach so langer Zeit fast unmöglich, ein angemessenes Feedback zu geben. Eine Rückmeldung ist also im direkten zeitlichen Anschluss zu geben, da es ansonsten aufgrund von Erinnerungslücken zu Missverständnissen kommen kann. Feedback soll erst einmal ohne eine Kommentierung angenommen werden. Dies bedingt allerdings einen eindeutigen Verbleib der Rückmeldung auf der Sachebene ohne durch kleine verbale »Seitenhiebe« gegen die feedbacknehmende Person einen Angriff zu führen. Eine Rechtfertigung des Verhaltens soll nicht unmittelbar erfolgen, um ihr Zeit zum Verarbeiten der Kritik zu geben.

Auch für das Feedback einen geeigneten Rahmen wählen

Wenn eine Gruppe in einer schwierigen Situation eine Rückmeldung zu einem Thema gibt, wird durch die unterschiedlichen Ansichten der einzelnen Feedbackgeber das Gesamtbild abgerundet. Dadurch wird eine Einseitigkeit vermieden und die kritisierte Person wird nicht in ein »Freund-Feind-Schema« verfallen, sondern zum Nachdenken über die einzelnen Themenpunkte bewogen. Am Ende des Gesamtfeedbacks kann die feedbacknehmende Person den Konsens der Rückmeldung dann noch einmal zusammenfassen und die Beweggründe für ihre Argumentationsführung äußern. Auch hier ist dann allerdings wieder darauf zu achten, dass es zu keinen persönlichen Anfeindungen auf der Beziehungsebene der Thematik kommt.

Ein Freund-Feind-Verhältnis sollte beim Feedback gar nicht erst entstehen

EXPERTENTIPP

Nicht immer laufen Diskussionen zu einem Thema in einer harmonischen Atmosphäre ab. Häufig sind insbesondere Konfliktgespräche durch ein hohes Maß an Emotionalität gekennzeichnet. Die Teilnehmer verlassen dann immer häufiger die Sachebene und wechseln in die Beziehungsebene über. Es ändert sich die Tonlage. Der nonverbale Abschnitt wird durch ablehnende Mimik und Gestik untermalt. Wenn es dann auch noch um die Verdeutlichung von Macht, Kompetenzen und persönlichen Anfeindungen geht, kann eine Feedbacksituation sehr schnell von der rationalen in die emotionale Schiene wechseln. Hier ist der Moderator gefragt, damit er nicht als inkompetent eingestuft wird. Für den Moderator ist somit neben der fachlichen Kompetenz auch die soziale Akzeptanz durch die Teilnehmer von großer Bedeutung.

Mit der Maximierung des Lernerfolgs aus Gesprächen beschäftigt sich Jane Hodgson in *Das souveräne Verhandlungsgespräch* (1998)

Der Moderator sollte eine Eskalation der Geschehnisse verhindern

8.5 Emotionale Ausbrüche mit Fassung tragen

Diskussionen verlaufen nicht immer ruhig und in geordneten Bahnen. Oft gibt es Missverständnisse unter den Gesprächsteilnehmern, die auf unterschiedlichem Wissen und sich daraus entwickelnden Sichtweisen zu ein und derselben Thematik beruhen. Wenn nun eine Diskussion in emotionale Schuldzuweisungen abzugleiten droht, ist der Moderator besonders gefragt, um die Auseinandersetzung nicht weiter eskalieren zu lassen und der Diskussion wieder eine rationale Grundlage zu geben.

Sachlichkeit oder die Stärke von Gefühlen

Konflikte vollziehen sich sowohl bei akuten Eskalationen als auch bei stetigen unterschwelligen Reibereien auf zwei Ebenen. Eine Ebene beinhaltet das Verhalten sowie die Art und Weise der Argumentation einer Person. Die zweite Ebene ist in den Emotionen und den Inhalten des Denkens einer Person versteckt. Gefühle gelten im heutigen gesellschaftlichen Rahmen oft als peinlich und sind in einer immer härter agierenden Geschäftswelt oft verpönt. Wortwahl und Tonlage, Unsicherheit und Verletzlichkeit sind Dinge, die zum Machtverlust und zur Demonstration eigener Unzulänglichkeit führen können. Das kühle und rationale Ruhigbleiben ist ein erklärtes Ziel in vielen Situationen.

Immer wieder treten bei Konflikten Situationen auf, in denen eine Seite die Nerven verliert, während die andere Seite im Oberlehrerton mit Argumenten wie

▶ »Nicht in diesem Ton!«
▶ »Bleiben Sie doch ruhig!«
▶ »Dieses Verhalten hilft uns nicht!«

In Konfliktsituationen auf Belehrungen verzichten

aufwartet, und dadurch bewusst oder unbewusst einen beginnenden Konflikt noch weiter anheizt. Die Ruhe der belehrenden Seite wird die emotional schon hoch belastete Partei dann endgültig in die Raserei treiben. Möglicherweise kann es dann noch dazu kommen, dass diejenige Person sich ihrer Emotionalität schämt, während die andere

Seite sich rühmen kann, in einer emotional brenzligen Situation völlig ruhig und überlegt gehandelt zu haben.

Als Führungspersönlichkeit und Moderator sollten Sie unter den Teilnehmern einer Diskussionsrunde genau darauf achten, wer hier eigentlich wen reizt. Wenn Sie den Provokateur identifiziert haben, werden Sie auch scheinbar überraschende emotionale Ausbrüche mit Fassung tragen können. Wiederum gilt hier aber auch das Prinzip der Deeskalation. Im Grunde genommen müssen nämlich beide Konfliktparteien beruhigt werden, die emotional-laut agierende Seite genauso wie die logisch-ruhige.

Sowohl lautes als auch betont ruhiges Verhalten kann die andere Seite provozieren

»Solche Explosionen befreien zunächst einmal das Gemüt, erschweren aber die soziale Situation der Zusammenarbeit meist enorm«

Christoph Thomann, Psychotherapeut, in *Klärungshilfe: Konflikte im Beruf* (1998)

AKTIONSPLAN

Wie sicher sind Sie in der Moderation von Konfliktgesprächen?

Konflikte schaffen häufig emotional schwierige Situationen für die Beteiligten. Die Moderation von Konfliktgesprächen erfordert daher neben einem besonderen Einfühlungsvermögen auch die Fähigkeit, trotz aller Verletztheiten und eventueller emotionaler Ausbrüche im Gespräch zu einer Deeskalation der Auseinandersetzung zu führen.

1. Konfliktmoderation

Welche Erfahrungen haben Sie bisher bei der Moderation von Konflikten gemacht? Waren Sie mit Ihrer Handhabung der Gruppendynamik zufrieden? Hatten Sie den Eindruck, dass Sie als Moderator akzeptiert wurden? Konnten Sie das Konfliktgespräch von Anfang bis Ende in einem konstruktiven Sinne leiten?

> Ja, die Konfliktmoderation bereitet mir keine Schwierigkeiten. Ich kann mich auf die jeweilige Situation einstellen und habe die Gesprächsgruppe »im Griff«.

> Nein, ich habe das Gefühl, dass ich bei der Moderation im Allgemeinen und bei der Moderation von Konfliktgesprächen im Besonderen noch eine Menge dazu lernen kann. Ich erinnere mich an einige Situationen, in denen ich nicht richtig weiter wusste.

Falls Sie mit »Nein« geantwortet haben, notieren Sie bitte stichpunktartig, was Ihrer Meinung nach in den letzten Gesprächen nicht funktioniert hat:

_____

_____

Vorschläge zur Lösung des Problems

▶ Versuchen Sie ein Gespräch von seinem Grundansatz her in ruhige Bahnen zu lenken.   ▶Seite 189 – 190

▶ Wirken Sie dabei kompetent ohne eigene Machtbefugnisse zu demonstrieren.   ▶Seite 191 – 193

▶ Wenn ein Gespräch zu eskalieren droht, unterbrechen Sie es durch eine schöpferische Pause.   ▶Seite 191

▶ Wenn Killerphrasen eine Diskussion zu »töten« drohen, machen Sie die einbringende Person darauf aufmerksam und lenken Sie das Gespräch in konstruktive Bahnen zurück.   ▶Seite 192 – 193

▶ Gesprächsfallen dienen oft der eigenen Machterhaltung und beinhalten ein Buhlen um die eigene Position. Unterbinden Sie derartige Einseitigkeiten, damit ein Problem weiterhin von verschiedenen Seiten beleuchtet werden kann.   ▶Seite 194 – 195

▶ Emotionale Ausbrüche mit Fassung zu tragen ist nicht immer einfach. Versuchen Sie den wirklichen Verursacher oder die verursachende Argumentation einer solchen Verhaltensweise zu isolieren. Wenn Sie die Quelle kennen, werden Sie besser mit einem emotionalen Ausbruch umgehen können.   ▶Seite 198 – 199

2. Feedback

Haben Sie sich in der Vergangenheit Feedback bezüglich Ihres Konfliktverhaltens geben lassen? War auch Ihre Moderationsfähigkeit Teil des Feedbacks?

Ja, ich lasse mir regelmäßig Feedback geben. So habe ich einen guten Eindruck von dem, wie ich auf meine Mitmenschen wirke.

Nein, ich habe mir noch nie bewusst Feedback zu meinem Konfliktverhalten geholt, da

( ) ich nichts von der Meinung Dritter halte.

( ) ich mich noch nie aktiv darum bemüht habe.

( ) mir Feedback unangenehm erscheint.

Vorschläge zur Lösung des Problems

Seite 153 – 154;
Seite 195 – 197

Wenn Sie mit »Nein« geantwortet haben, lassen Sie uns folgende Vereinbarung treffen! Erläutern Sie einem Menschen, dem Sie vertrauen, die Feedbackregeln aus dem Kapitel Gesprächsführung. Bitten Sie ihn, Sie innerhalb der kommenden 14 Tage in konfliktträchtigen Situationen zu beobachten und Ihnen im Anschluss ein Feedback zu geben. Idealerweise ist Ihr Feedbackpartner auch bereit, sich von Ihnen entsprechend rückkoppeln zu lassen!

Vereinbarung:

Vom _____ bis zum _____ lasse ich mir von

_____ Feedback geben.

Geben Sie Feedback und lassen Sie sich Feedback geben!

Seite 195 – 197

▶ Feedback in schwierigen Situationen beinhaltet immer das Prinzip der Deeskalation. Versuchen Sie insbesondere als Moderator ruhig zu bleiben und das Feedback nicht als persönlichen Angriff auf die feedbacknehmende Person zu missbrauchen.

Seite 96;
Seite 153 – 154

▶ Trainieren Sie, wie Sie die Feedbackregeln so in einer Gruppe kommunizieren können, dass alle Beteiligten richtig damit umzugehen wissen.

Mediation schafft konstruktive Konfliktlösungen

9

Mediation ist das Vermitteln zwischen zwei Konfliktparteien durch eine dritte Instanz. Der Mediator unterscheidet sich von einem allgemeinen Vermittler dadurch, dass er auch eigene Vorschläge zur Konfliktbereinigung unterbreitet. Insbesondere bei der Beilegung unternehmensinterner Auseinandersetzungen hat sich der Einsatz von erfahrenen Mediatoren bewährt. Vorgehensweise und Instrumente der Mediation wollen wir Ihnen in Anlehnung an Bernd M. Wittschier auf den folgenden Seiten darstellen.

Ziel des Kapitels: Erfahren Sie, wann und wie verschiedene Methoden der Mediation zur Konfliktlösung eingesetzt werden sollten

9.1 Wie funktioniert Mediation?

1. Schritt: Die Konfliktparteien zusammenführen

Im ersten Schritt müssen die Konfliktparteien dazu gebracht werden, Gemeinsamkeiten zu erkennen. Es müssen Einsicht und die Bereitschaft vorliegen, sich auf eine Lösung von Konflikten einzulassen. Dieser erste Schritt beinhaltet zwei Möglichkeiten. Entweder wollen beide Konfliktparteien eine Lösung mit Hilfe eines Mediators finden. Dies wäre die ideale Form der Lösungssuche. Oder aber der Mediator wird nur durch eine der beiden Parteien eingeschaltet und versucht dann, die zweite Partei zu einer gemeinsamen Konfliktlösung zu bewegen. Der Berater darf dabei weder parteiisch noch eigennützig handeln. Wichtig für eine Mediation, die zum Erfolg führen soll, ist die Einsicht der Konfliktparteien, dass eine Lösung notwendig ist. Voraussetzung ist ein hoher

Das Grundlagenwerk zur Wirtschaftsmediation bildet Bernd M. Wittschiers *Konflixt und zugenäht* (1998)

Oft macht Mediation überhaupt erst ein Gespräch möglich

Leidensdruck. Positiv ist, wenn Vorgesetzte der Konfliktparteien eine Lösung erreichen wollen und daher dem Mediator den Rücken freihalten. Ein weiterer bedeutender Faktor ist die Ehrlichkeit und Offenheit des Mediators gegenüber den Parteien. Jede der Konfliktparteien muss laufend über alle Schritte des Mediators informiert werden, damit die volle Handlungsfreiheit erhalten bleibt.

EXPERTENTIPP

Stellen Sie sicher, dass die Führungskräfte der Konfliktparteien auch tatsächlich an einer Lösung interessiert sind. Versuchen Sie, deren Positionen im Konflikt herauszufinden.

2. Schritt: Gesprächsvorbereitung und -eröffnung

Die Voraussetzung für das Mediationsgespräch ist die freiwillige Beteiligung der Konfliktparteien. Unter Druck gesetzt, wird keiner der Gesprächspartner sich wohl fühlen. Sobald die Freiwilligkeit geklärt ist, achtet der Mediator darauf, dass das Gespräch in einem neutralen Raum und in einer ruhigen und ungezwungenen Atmosphäre stattfindet. Alle Beteiligten sollen sich gut sehen können und durch die Auswahl der Sitz- und Raumordnung soll eine gleichberechtigte Kommunikation gewährleistet werden.

In der Einführungsphase wird der Mediator den Personen für ihr Erscheinen danken und dadurch versuchen eine entspannte Atmosphäre zu schaffen. Es ist zu betonen, dass das Ziel von Zusammenkünften in dieser Form in einer für beide Seiten einvernehmlichen Lösungsfindung besteht. Dabei ist die Offenheit der Beteiligten weiterhin erste Voraussetzung. Jedes Mediationsgespräch folgt dabei bestimmten Grundregeln. Wichtig ist, die andere Partei ausreden zu lassen und selbst in Ruhe und genau zuzuhören. Weiterhin muss klar sein, dass die Gesprächsinhalte streng vertraulich sind. In der Anfangsphase der Mediationsgespräche wirkt der Mediator noch wie ein Puffer zwischen den Parteien. Dies ist notwendig, da die Konfliktparteien

Voraussetzungen für eine erfolgreiche Mediation

eventuell noch emotional »geladen« sind und die Diskussion dann sehr schnell in persönliche Schuldzuweisungen abgleiten kann. Die Beteiligten würden das eigentliche Problem aus dem Blick verlieren.

Eine Lösung muss von allen Beteiligten gewollt sein

> **EXPERTENTIPP**
>
> Achten Sie bei der Sitzordnung auf eine möglichst gerechte Verteilung der Plätze. Vermeiden Sie zum Beispiel, dass eine Konfliktpartei die Fensterplätze erhält und die andere Partei gezwungen ist, in die Sonne zu blinzeln. Wenn Sie hitzige Streitgespräche befürchten, stellen Sie zu Beginn einige Gesprächsregeln auf und machen Sie deutlich, dass Sie für deren Einhaltung sorgen. Denkbar wäre z. B.:
>
> 1. Übermäßig lange Beiträge sind zu vermeiden – maximale Sprechzeit: 2 Min.
> 2. Die Konfliktparteien dürfen sich nicht gegenseitig unterbrechen.
> 3. Niemand darf persönlich angegriffen werden.

3. Schritt: Die Gesprächsführung übernehmen

Zu Beginn des Konfliktgesprächs sprechen die Parteien nicht direkt, sondern über den Mediator miteinander. Damit soll ausgeschlossen werden, dass gerade in der hochsensiblen Anfangsphase persönliche Angriffe entstehen. Es darf nicht der Eindruck entstehen, dass die Partei, die zuerst reden darf, automatisch auch die Gewinnerseite ist. Redende und zuhörende Seite sind gleichermaßen Gewinner in einem solchen Gespräch! Die Motivation für eine konstruktive Gesprächsführung wird vom Mediator aufrechterhalten; er hat als aktiver Zuhörer die Aufgabe, nach den Problemdarstellungen der Einzelparteien die Argumente wertneutral zusammenzufassen und Gemeinsamkeiten und Unterschiede der dargelegten Sichtweisen zu betonen. Die Devise lautet: Gemeinsamkeiten hervorheben und Differenzen die Schärfe nehmen.

Eine ebenfalls interessante Veröffentlichung zur Mediation ist *Mediation – das ABC* von Nina Dulabaum (1998)

Darauf kommt es an: Argumente austauschen und Gemeinsamkeiten finden

Der Mediator Herr Meyer sitzt mit den beiden Opponenten, den Herren Altendorf und Richter, zusammen. Herr Altendorf ist äußerst aufgebracht und aggressiv, während Herr Richter einen eher ruhigen und zurückhaltenden Eindruck macht. Nur schwer gelingt es dem Mediator, die Anfeindungen und Kommentare von Herrn Altendorf während der Begrüßung zu unterbinden. Herr Meyer überlegt, welche der Parteien als erste ihre Sicht der Dinge äußern soll. Mit dem zurückhaltenden Herrn Richter zu beginnen, erscheint ihm auf den ersten Blick sinnvoll: so kann er endlich dessen Haltung erfahren. Der Mediator entscheidet sich jedoch, mit Herrn Altendorf den Anfang zu machen, da er aus Erfahrung weiß, dass derart emotional geladene Gesprächsteilnehmer erst zuhören können, wenn sie »Dampf abgelassen« haben. Es wird die Aufgabe von Herrn Meyer sein, die Äußerung von Herrn Altendorf so zu kanalisieren, dass diese nicht in Beschimpfungen und Provokationen münden.

4. Schritt: Interessen und Wünsche offenbaren

In dieser Phase sollen die Konfliktparteien ermutigt werden, miteinander anstatt übereinander zu sprechen. Bedürfnisse, Interessen und Wünsche können geäußert werden, ganz gleich, ob diese realistisch sind oder nicht. Hier können die Gesprächsteilnehmer sagen, was sie gerne tun würden. Der Mediator zieht sich nach und nach aus dem Gespräch zurück. Langsam beginnen die Konfliktparteien direkt miteinander zu sprechen. Erst jetzt ist es möglich, von der Emotionalität zur Rationalität des Konflikts zu kommen.

5. Schritt: Lösungsmöglichkeiten erarbeiten

Nun veranlassen Sie als Mediator die Parteien, unterschiedliche Lösungsmöglichkeiten für den Konflikt zu sammeln. Dabei ist es sinnvoll, einen großen Konflikt in mehrere kleine Teilkonflikte zu zerlegen.

Konflikte in Teilkonflikte zerlegen

Solche Einzelbereiche sind für die Beteiligten leichter zu überblicken und somit auch effektiver zu bearbeiten. Nach der Zusammenfassung der verschiedenen Lösungsansätze werden diese auf ihre Realisierbarkeit hin überprüft. Sind die Vorschläge für beide Seiten annehmbar, können die Lösungen bzw. Lösungsmöglichkeiten bewertet werden.

6. Schritt: Faire Lösung

Mit diesem Verfahren helfen Sie den Parteien für die Zukunft, Konflikte zu reflektieren und selbstständig zu lösen. Bei der erreichten Lösung darf es sich allerdings nicht um eine Scheinlösung handeln.

Teilbereiche des Konflikts sind besser zu lösen – und das Ergebnis sollte dann schriftlich festgehalten werden

EXPERTENTIPP

Um eine Scheinlösung zu verhindern, sollten Sie einige Fragen abklären:

▶ Sind die Möglichkeiten hinreichend genau durchleuchtet worden?
▶ Erfolgt die Konfliktlösung wirklich aufgrund des Konsenses durch die Konfliktparteien?
▶ Sind den Parteien die Konsequenzen einer Lösung nicht nur theoretisch, sondern auch praktisch bekannt?
▶ Ist die Lösung praktikabel und realitätsnah?
▶ Besteht die Bereitschaft, die Lösung auch umzusetzen?

Am Ende dieser Überprüfung wird die Lösung dann schriftlich festgehalten. Diese von beiden Seiten getroffene Übereinkunft sichert den Konfliktparteien die Gleichberechtigung zu.

7. Schritt: Die Zeit danach

In dieser Phase kontrolliert der Mediator, ob die ehemaligen Konfliktparteien sich an ihre Absprachen halten und eine konsequente Umsetzung in der Praxis erfolgt.

Eine abweichende Vorgehensweise verfolgt Alexander Redlich in seinem Buch *Konfliktmoderation* (1996)

Die Beteiligten sollten angelernt werden, ihre Konflikte künftig allein zu lösen

EXPERTENTIPP

Das Ziel der Mediation ist, dass die Parteien aufeinander zugehen. Dabei soll der Konflikt nicht emotional ausgetragen werden. Ziel ist es vielmehr, eine praktikable Lösung des Konflikts zu erarbeiten. Außerdem sollen die Konfliktparteien lernen, künftig alleine solche Lösungen zu finden.

9.2 Möglichkeiten der Intervention

Dem Mediator stehen bei der Bearbeitung von Konflikten verschiedene Möglichkeiten der Intervention zur Verfügung. Dabei wird unterschieden zwischen:

▶ Prävention
▶ Heilung
▶ Deeskalation
▶ Reaktivierung

Die Begriffe zeigen schon, um welche Methoden beziehungsweise Möglichkeiten der Intervention es geht. Sie lassen sich einzeln und kombiniert anwenden, um Konflikte vorzubeugen, zu lösen und nachzubearbeiten.

Prävention

Der eigentliche Ausbruch eines Konflikts soll schon im Vorfeld verhindert werden. Das Konfliktpotenzial muss entschärft werden. Der Mediator erkennt aufgrund seiner eigenen Erfahrung, dass unter bestimmten Bedingungen und Situationen mit hoher Wahrscheinlichkeit ein Konflikt entstehen wird. Er ergreift, ohne dass der Konflikt für die Parteien schon sichtbar ist, präventive Maßnahmen.

Das Konfliktpotenzial frühzeitig erkennen

Die Zielsetzung
einer Intervention
hängt von Art
und Typ des
Konflikts ab

Heilung

Auf den Eskalationsstufen 1 bis 3 sehen die Parteien noch die Notwendigkeit, den Konflikt möglichst schnell und frei von emotionalen Hindernissen zu beseitigen. Hier wird der Schwerpunkt auf eine Einengung, Kontrolle oder Regelung des Konflikts gelegt. Das Problem soll sozusagen für alle Beteiligten überschaubarer und damit schneller lösbar gemacht werden. Auf den ersten drei Eskalationsstufen eines Konflikts ist eine Heilung noch relativ einfach. Als Mediator intervenieren Sie nur selten. Sie halten sich im Hintergrund und versuchen die physische und psychische Trennung der Konfliktparteien zu verhindern. Diese sollten möglichst direkt miteinander kommunizieren.

Deeskalation

Ein Konflikt, der sich in einem akuten oder weit fortgeschrittenen Stadium (ab Stufe 4) befindet, wird am sinnvollsten mit der Methode der Deeskalation angefasst. Die zwischen den Konfliktparteien aufgebauten Spannungen müssen verringert werden. Diese stehen sich ablehnend gegenüber und sind sich ihrer Außenwirkung oft nicht bewusst. Als Mediator sind Sie Vorbild für einfühlsames Verhalten und respektvollen Umgang. Die Beteiligten übernehmen den Stil des Mediators, überwinden ihre psychologische Sperre und gehen angemessen mit ihrem Gegenüber um. Sie gelangen zu der Einsicht, dass ein Konflikt nicht an sich schlecht, sondern notwendig ist. Die Parteien sind dann in der Lage, sachlich zu diskutieren und den Konflikt selbst zu lösen.

Reaktivierung

Hier geht es darum, schwelende, also »kalte« Konflikte endgültig aus der Welt zu schaffen. Gerade diese Konflikte beinhalten eine hohe Explosivität, da sie scheinbar nicht mehr existent sind. Aber ein neuer Anlass kann zu einem erneuten Ausbruch führen. Ihre Aufgabe als Mediator besteht in erster Linie darin, den Parteien deutlich zu machen, dass der alte Konflikt nicht gelöst, sondern verschoben wurde. Sorgen Sie für eine kontrollierte Erhitzung des kalten Konflikts.

»Die Führungskraft der Zukunft zeichnet sich durch eine zusätzliche Manager-Tugend aus: Konfliktkompetenz«

Bernd M. Wittschier, Mediator, in *Konflixt und zugenäht* (1998)

Feingespür und Vertrauenswürdigkeit sind wichtige Eigenschaften eines Mediators

Mit allen vier Methoden soll den Parteien geholfen werden, sich in einen Konflikt hineinzufühlen. Ziel ist hierbei das Miteinander der Parteien. Es geht um eine Rückbesinnung auf zwischenmenschliche Werte und Normen, die in einer eskalierenden Konfliktsituation sehr schnell aus dem Blickfeld geraten können.

Regeln für den Mediator

▶ Im ersten Schritt muss Bereitschaft zur Konfliktlösung geweckt werden.

▶ Eine Intervention durch Sie sollte in einem akzeptablen Rahmen bleiben. Ein Mediator muss über soviel Gespür verfügen, dass er seine eigenen Grenzen in Bezug auf eine Konfliktlösung klar erkennt.

▶ Die streitenden Parteien müssen dem Mediator vertrauen. Sie dürfen daher nicht oberflächlich handeln. Sonst sprechen Ihnen die Konfliktparteien sehr schnell die Kompetenz ab und bei einer Eskalation will dann keiner die Verantwortung übernehmen.

▶ Für die Interventionsmethoden gibt es keine goldene Regel. Das heißt, dass Sie für sich selbst schon frühzeitig den Weg des größtmöglichen Erfolgs finden müssen. Die Methode entscheidet über den möglichen Erfolg oder Misserfolg Ihrer Intervention.

EXPERTENTIPP

Ein ausgeprägtes Bewusstsein für die Konflikte und die handelnden Personen ist das Fundament für eine erfolgreiche Intervention. Des Weiteren muss ein Mediator auf alle kompetent wirken, damit die Konfliktlösung von allen beteiligten Parteien unterstützt wird.

Die wichtigsten Regeln für den Mediator

9.3 Mit Rollenspielen Spannungen lösen

Mit Rollenspielen sollen die Kontrahenten alte Verhaltensmuster verlassen

Im Folgenden werden einige Beispiele für praktisch erprobte Mediationsmethoden vorgestellt.

Die verschiedenen Lösungsmethoden sollen den Kontrahenten helfen, die alten Denk- und Verhaltensmuster zu verlassen und neue Pfade zu betreten.

Vollende den Satz

Der Mediator verdeutlicht den Beteiligten, dass eine Lösung des Konfliktes notwendig ist. Dazu vollenden alle teilnehmenden Personen einen vom Mediator vorgegebenen Satz. (»Der Konflikt besteht darin, dass ...«) Nach der anschließenden Analyse der vervollständigten Sätze stellt sich oft heraus, dass die Betroffenen von der Konfrontation noch zu wenig wissen, um sie adäquat lösen zu können.

Wahrnehmung und Wirklichkeit

Person A einer Seite trägt ihre Argumentation vor und fixiert sie schriftlich an einer Tafel. Die Gegenpartei tut das Gleiche. Bei keiner der Parteien herrscht zwischendurch Rederecht. Diese Abfolge wird beibehalten, bis alle relevanten Punkte aufgeschrieben worden sind.

Verständigung untereinander

Die Verständigung von Konfliktparteien untereinander ist oft durch mangelhaftes Zuhören, falsche Interpretation des Gehörten oder eine schlechte Ausdrucksweise der vortragenden Person gekennzeichnet. Dies kann zu Fehlinterpretationen führen. Das Ziel dieser Methode ist es, das genaue Zuhören und das Formulieren von Aussagen zu erlernen und zu üben. Die Methode beteiligt drei Personen an der Übungsphase. Zwei Beteiligte üben das Zuhören und Formulieren, während die dritte Person in einer Beobachterfunktion auf die Einhaltung der Regeln

Eine sehr umfangreiche Methodenpalette enthält das Buch *Konflixt und zugenäht von* B. M. Wittschier (1998)

Durch Übungen
soll jeder die
Sichtweise des
Anderen kennen
und verstehen
lernen

achtet. Die Personen A und B müssen dabei wechselseitig einer Aussage zuhören oder sie wiedergeben. Den wiedergebenden Personen wird bei der Wiederholung der Aussage sofort eine Rückmeldung gegeben, ob ihre Wiedergabe richtig oder falsch war. Dieser Vorgang wird dann in mehreren Durchläufen geübt.

Frage und Antwort

Die beteiligten Personen messen den einzelnen Konfliktpunkten unterschiedliche Bedeutung zu. Jede Partei listet daher ihre Konfliktpunkte auf und es wird eine Einschätzung dazu abgegeben, wie die emotionale Einstellung der Gegenpartei zu den eigenen Konfliktpunkten aussieht. Im Laufe des folgenden Frage- und Antwortspiels interviewen sich die Teilnehmer paarweise gegenseitig zu den Punkten mit den höchsten Diskrepanzen.

Wahrnehmen und Erleben

Wenn zwei Personen aus einem Fenster sehen, ereignen sich zwar auf der Straße für beide Personen dieselben Dinge, aber ihre Wahrnehmung und ihr persönliches Erleben wird sich unterscheiden. Für die Teilnehmer an dieser Übung ist der Ausgang oft überraschend, weil jeder vom anderen glaubt, er habe dieselben Dinge gesehen und erlebt. Ziel ist es, Denkstrukturen aufzubrechen. Die jeweilige Partei soll lernen, nicht nur das Negative an den Konfliktgegnern zu sehen, sondern auch ganz bewusst auf die positiven Aspekte zu achten.

Die Landkarte des Streitens

Wie ist ein Konflikt bisher abgelaufen? Kann man diesen Verlauf rekonstruieren? Die Landkarte des Streitens hat die Form eines Koordinatensystems. Auf der vertikalen Achse werden die Personen aus den Konfliktparteien eingezeichnet und die horizontale Achse gibt den zeitlichen Ablauf wieder. In diesem System wird nun eingetragen, wer mit wem zu welcher Zeit einen Konflikt ausgetragen hat. Dann werden Ereignisse oder auch Situationen, die für die Beteiligten bedeutsam

Verlauf des Streits
rekonstruieren

Ziel ist, sich selbst
zu kontrollieren
und sich in den
Anderen hinein-
zuversetzen

waren durch Symbole eingefügt und mit den Beteiligten und der Zeit-
achse verbunden. Mit dieser Darstellung der Konfliktentwicklung
können Sie den Parteien das Ursache-Wirkung-Prinzip des Konflikts
verdeutlichen. Die Emotionen treten in dieser bildlichen Darstellung
in den Hintergrund und deutliche Zusammenhänge der Gesamtent-
wicklung der Eskalation kommen zutage.

Bitte nicht sprechen

Das Erleben einer Konsensbildung ist für alle Beteiligten äußerst positiv. Gemeinsamkeiten können selbst in stark konflikthaltigen und span-
nungsgeladenen Situationen entdeckt werden. Im Rahmen dieser
Übung dürfen die Beteiligten nicht miteinander sprechen, was natürlich der Körpersprache Tür und Tor öffnet. Aus den Konfliktparteien
werden Paare gebildet, die nach vorangegangener Einigung gemeinsam mit einem Stift und ohne dabei zu sprechen drei Dinge auf ein Blatt
Papier malen sollen. Nach dem Malen der Bilder werden diese besprochen und die gegenseitigen Erfahrungen ausgetauscht.

Einfühlungsvermögen und Respekt

Für Menschen, die miteinander streiten, ist es äußerst schwierig, sich in
das Fühlen und Erleben des Konfliktpartners hineinzuversetzen. Konfliktparteien sollen lernen, ihre Gefühle nicht zu unterdrücken und die
Emotionen im Rahmen der sozialen Werte und Normen einer Gesellschaft auszuleben. Konflikte und Gefühle sind für die wenigsten Menschen eine leicht zu trennende Einheit. Gefühle, die mit einem Konflikt
in Verbindung stehen, sollen erkannt werden und die Dynamik des Pro-
zesses von den Teilnehmern realisiert werden. Die Methode besteht
darin, dass die Gegner eine Situation besprechen. Sie werden dann vom
Mediator angehalten, die gegenübersitzende Partei auf ihre emotionalen Regungen hin zu beobachten. Erkennt die Person A, dass sich Person B über irgendetwas ärgert, sagt A: »Ich für B. Die Bemerkung von C
hat mich verärgert. Habe ich Ihre Zustimmung, B?« B darf dann mit »Ja«
oder »Nein« antworten. Den Ausspruch »Ich für dich« darf jede Partei
jederzeit sagen. In dieser Formation spielt jeder der Teilnehmer sich

Beispiele für
umfangreiche
Fallstudien, die in
Gruppenarbeiten
Verwendung fin-
den können, sind
in *Führung von
Mitarbeitern*
von M. Domsch,
L. v. Rosenstiel
und E. Regnet
(1993) enthalten

Oft kann nur der Mediator den Teufelskreis des Misstrauens durchbrechen

selbst mit all seinen emotionalen Komponenten. Dieses Rollenspiel beinhaltet, dass keine der Äußerungen einer Beurteilung unterliegt. Erst mit dem Abschluss der Übung werden die Äußerungen kommentiert. Dies geschieht dann selbstverständlich unter Anleitung des Mediators.

Misstrauen und Vertrauen

Oft reagieren Konfliktparteien aufgrund der Langwierigkeit und Schwierigkeit eines Konflikts mit hochgradigem Misstrauen aufeinander. Ziel ist es, das tiefverwurzelte Misstrauen aufzubrechen und im Idealfall zu beseitigen. Der im Volksmund bekannte Ausspruch: »Kleine Geschenke erhalten die Freundschaft« soll für diese Methode als Leitfaden dienen. Der Teufelskreis des Misstrauens soll mithilfe des Mediators durchbrochen werden. Der Mediator spricht am Anfang getrennt mit den jeweiligen Kontrahenten. Systematisch wird daraufhin gearbeitet, das Misstrauen der Einzelparteien abzubauen, indem man ihnen sagt, dass der Gegner nicht mehr so misstrauisch ist, wie die eigene Seite. Die andere Seite ist laut den Aussagen des Vermittlers der eigenen Seite im Geben-Status immer einen Schritt voraus. Der Mediator will vom Grundgedanken her beiden Parteien klarmachen, dass jede Seite im gleichen Maßstab geben und nehmen sollte, um zu einer Lösung der festgefahrenen Situation zu gelangen. Einigkeit besteht darüber, dass eine der Konfliktparteien Zugeständnisse an die andere Seite machen muss, ohne dafür Garantien in irgendeiner Form zu erhalten. Sind alle Beteiligten an diesem Punkt angelangt, ist ein grundlegender Schritt zur Überwindung des Misstrauens getan. Diese Garantieversprechen sind dann im übertragenen Sinne die kleinen Geschenke, die die Freundschaft erhalten.

Zugeständnisse ohne Garantien

Die Methoden der Intervention laufen im Prinzip auf die immer gleichen Lernmuster hinaus. Wenn eine Konfliktpartei verstanden werden möchte, muss sie auch Verständnis für die andere Seite aufbringen. Einfühlungsvermögen ist das Schlagwort des Mediators. Hineindenken und Hineinfühlen in den Gesprächspartner sind für eine adäquate Konfliktlösung unerlässlich. Fazit: »Vom Konflikt zum Einfühlungsvermögen, über die Rationalität zu einer beiderseitig verträglichen Konfliktlösung gelangen.«

9.4 Lösungen finden, von denen alle Beteiligten profitieren

Am Ende sollen alle Gewinner sein

Sie haben bereits viel über die Faktoren Konflikt und die daraus resultierenden Probleme, Kommunikation in problematischen Situationen, Führungsverhalten, Einfühlungsvermögen und Rationalität erfahren. Wie erreichen Sie nun Lösungswege, von denen alle Beteiligten profitieren?

Aus klassischer Sicht kann der Gewinner eines Konfliktes nur eine Seite sein, wir aber streben an, alle Beteiligten gewinnen zu lassen. Der Zweck der Mediation ist die Vermittlung und das Aufzeigen von Möglichkeiten zur Konfliktlösung. Eine allgemeinverträgliche Lösung ist oft nur nach Gesprächen und dem Geben und Nehmen von den Kontrahenten zu finden. Die Motivation zur Beilegung der Streitigkeiten sollte bei den Beteiligten vorhanden sein, um ein weiteres Miteinander zu gewährleisten. Der Mediator gibt als unabhängiger Schlichter den Konfliktparteien Lösungswege vor und versucht, diese Wege im Denken und Fühlen der Kontrahenten zu verankern. Bei den Möglichkeiten der Intervention und den sogenannten Rollenspielen sind diese Lösungswege aufgezeigt worden.

Genaugenommen erfolgt vom psychologischen Standpunkt her eine verhaltenstherapeutische Intervention bei den Konfliktparteien. Einem Konflikt liegt immer auch die Angst zu Verlieren zu Grunde. Die Wahrnehmung der Konfliktsituation ist verzerrt und die daraus resultierenden Gedankengänge der Konfliktparteien bedeuten immer »Gefahr für die eigene Seite«. Wahrnehmungsverzerrung und unrealistische Gedankengänge haben Angst zur Folge. Diese Angst wird durch den Kontrahenten in Verhalten umgesetzt und kann auf der einen Seite Aggressivität und auf der anderen ein Fluchtverhalten aus der Situation erzeugen. Dem Mediator obliegt es nun, bei den Konfliktparteien die Einsicht in das eigene Verhalten und das Verständnis für die Kontrahenten zu erzeugen. Diesen Schritt zu realisieren und im weiteren Verlauf der Mediation auch durchzuhalten ist ein Lernprozess, der allen Personen auch für zukünftige Konflikte das Rüstzeug mitgeben soll, diese für sich und ohne fremde Hilfe zu lösen.

Ergänzend empfiehlt sich die Lektüre von *Klärungshilfe: Konflikte im Beruf* von Christoph Thomann (1998)

AKTIONSPLAN

Wie stehen Sie zur Mediation?

In diesem Kapitel haben Sie das »Schritt für Schritt«-Prinzip der Mediation kennengelernt. Die verschiedenen Möglichkeiten der Intervention sind kurz angesprochen worden und mit den dargestellten Rollenspielen werden auch profitable Lösungsmöglichkeiten für die beteiligten Konfliktparteien aufgezeigt.

1. Die Stufen des Mediationsverfahrens

Würden Sie es sich selbst zutrauen, in einer Konfliktsituation zwischen Ihren Mitarbeitern als Mediator zu agieren?

☐ Ja

☐ Nein

Vorschläge zur Lösung des Problems

In welchen Teilbereichen des Mediationsverfahrens fühlen Sie sich inhaltlich noch unsicher?

Seite 203 – 204 ◄ ▶ In der Zusammenführung der Konfliktparteien

Seite 204 – 205 ◄ ▶ In der Gesprächsvorbereitung und -eröffnung

Seite 205 – 206 ◄ ▶ In der Übernahme der Gesprächsführung

Seite 206 ◄ ▶ In der Offenbarung der Interessen und Wünsche der Konfliktparteien

Seite 206 – 207 ◄ ▶ In der Erarbeitung der Lösungsmöglichkeiten

Seite 207 ◄ ▶ In der Beurteilung einer fairen Lösung

Seite 207 – 208 ◄ ▶ In der Betreuung in der Zeit danach

Lesen Sie zu den einzelnen Punkten im Kapitel nach.

2. Die Praxis der Mediation

Haben Sie selbst schon einmal ein Mediationsverfahren zur Lösung eines Konflikts angewendet?

☐ Nein

☐ Ja, und zwar in der folgenden Situation:

_____

Wie beurteilen Sie den Erfolg Ihrer Vermittlung? Was ist Ihnen gut gelungen, was weniger gut?

_____

_____

Vorschläge zur Lösung des Problems

▶ Verdeutlichen Sie sich, dass Sie als Mediator ein neutraler Partner der Konfliktparteien sind. Sie befinden sich in einer Vermittlerrolle. Insbesondere dann, wenn Sie als Mitarbeiter im Rahmen einer innerbetrieblichen Mediation tätig werden, laufen Sie Gefahr, von den Konfliktparteien als potenzieller Gegner angesehen zu werden. Da dies zu persönlichen Angriffen gegen Sie führen kann, muss Ihre neutrale Position von vornherein klar festgelegt werden. Wenn Sie in einem Konflikt nicht neutral sein können, lehnen oder brechen Sie die Mediation ab.   ▶Seite 208 – 210

▶ Wenn Sie zu den spannungslösenden Elementen der Rollenspiele kommen, kann dies bei den einzelnen Teilnehmern Momente der Unsicherheit auslösen. Überprüfen Sie an Ihrer eigenen Person, wie sehr Sie selbst verunsichert sind. Das eigene Erleben hilft Ihnen, sich besser in die Konfliktparteien einzufühlen.   ▶Seite 211 – 214

Einige Worte zum Schluss

Man hat einen Menschen noch lange nicht bekehrt,
wenn man ihn zum Schweigen gebracht hat.

JOHN MORLEY OF BLACKBURN,
BRIT. HISTORIKER UND POLITIKER 1838–1923

Was sind Ihre persönlichen Konflikterfahrungen? Möchten Sie uns Feedback geben? Als Autoren dieses Buches ist es für uns interessant und wichtig zu erfahren, wie Sie unseren Vorstellungen und Ratschlägen gegenüberstehen. Was können wir verbessern? Wir möchten Ihre Ideen gerne aufnehmen und bei einer Neuauflage dieses Buches berücksichtigen. Wir möchten Sie zu einem konstruktiven Dialog einladen!

Unser besonderer Dank geht an Herrn Diplom-Psychologen Holger Ahrens für die konzeptionelle Gestaltung und Überarbeitung der Kapitel 7, 8 und 9.

intelligence unit
Florian Gommlich und Andreas Tieftrunk
Nordstraße 1
38268 Lengede

Literatur

Quellen und weiterführende Literatur

Bower, Gordon/Hilgard, Ernest: Theorien des Lernens II, Stuttgart 1988

Crisand, Ekkehard/Crisand, Marcel/Adler, Andrea: Das Sachgespräch als Führungsinstrument, Heidelberg 1997

Crisand, Ekkehard: Methodik der Konfliktlösung, Heidelberg 1999

Dahrendorf, Ralf: Homo sociologicus, Opladen 1997

Domsch, M./Regnet, E./von Rosenstiel, L.: Führung von Mitarbeitern, Stuttgart 1993

Dulabaum, Nina: Mediation – das ABC, Weinheim 1998

Fengler, Jörg: Feedback geben, Weinheim 1998

Franck, Norbert: Schreiben wie ein Profi, Bund Verlag 1995

Geiger, Gisela: NLP – erfolgreiches Konfliktmanagement, München 1998

Glasl, Friedrich: Konfliktmanagement, Bern 1999

Gottschall, Dietmar: Die Dynamik des Mißtrauens in: Management Wissen, Düsseldorf 1987

Greif, Siegfried u. a.: Arbeits- und Organisationspsychologie, Weinheim 1997

Grimm, Hubert G./Vollmer, Günther R.: Personalführung, Bad Wörishofen 1996

Gross, Stefan F.: Beziehungsintelligenz, München 1997

Heckhausen, Heinz: Motivation und Handeln, Berlin 1989

Hirth, Regina/Sattelberger, Thomas/Stiefel, Th.: Dein Weg zur Selbstverwirklichung, München 1994

Hodgson, Jane: Das souveräne Verhandlungsgespräch, Niedernhausen/Ts. 1998

Höhler, Gertrud: Wettspiele der Macht, Stuttgart 1998

Hücker, Fritz: Rhetorische Deeskalation: Streß- und Konfliktmanagement, Boorberg-Verlag 1997

Hugo-Becker, Annegret/Becker, Henning: Motivation, München 1997

Jeschke, Barnim G.: Konfliktmanagement und Unternehmenserfolg, Wiesbaden 1993

Kellner, Hedwig: Konflikte verstehen, verhindern, lösen: Konflikt-management für Führungskräfte, München 1999

Kienpointer, Manfred: Vernünftig argumentieren, Reinbek 1996

Koch, Richard: Die ersten 100 Tage als Chef, Niedernhausen/Ts. 1997

Korndörfer, Wolfgang: Unternehmensführungslehre, Wiesbaden 1995

Lexikon der Psychologie Band 1 – 3, Herder-Verlag 1980

Margraf, Jürgen/Schneider, Silvia: Panik, Berlin 1990

Molcho, Samy: Körpersprache, München 1988

Neuberger, Oswald: Führen und geführt werden, Stuttgart 1995

O´Connor, J./Seymour, J.: Neurolinguistisches Programmieren: Gelungene Kommunikation und persönliche Entfaltung, VAK-Verlags GmbH 1999

Pawlowski, Klaus/Riebensahm, Hans: Konstruktiv Gespräche führen, Reinbek 1998

Redlich, Alexander: Konfliktmoderation, Hamburg 1996

Regnet, Erika: Konflikte in Organisationen, Göttingen/Stuttgart 1992

Schein, Edgar: Unternehmenskultur, Frankfurt/M. 1995

Schulz von Thun, Friedemann: Miteinander reden 1, Hamburg 1999

Schulz von Thun, Friedemann: Miteinander reden 2, Hamburg 1999

Schulz von Thun, Friedemann: Miteinander reden 3, Hamburg 1998

Schwarz, Aljoscha A./Schweppe, Ronald P.: Lexikon der Körpersprache, Rastatt 1998

Schwarz, Gerhard: Konfliktmanagement, Wiesbaden 1999

Seifert, Josef W.: Moderation und Kommunikation, Erlangen 1999

Thomann, Christoph/Stegemann, Wibke: Klärungshilfe: Konflikte im Beruf, Reinbek 1998

Watzlawick, Paul u. a.: Menschliche Kommunikation, Bern 1969

Weidemann, York-Axel: Konfliktmoderation: Proaktive Personalpolitik einer Modernen Unternehmensführung, Berlin 1994

Weizsäcker, Carl. F.: Der Garten des Menschlichen, Frankfurt/M. 1986

Wittschier, Bernd M.: Konflixt und zugenäht – Konflikte kreativ lösen durch Wirtschafts-Mediation, Wiesbaden 1998

Zimbardo, Philip G.: Psychologie, Berlin 1992

Register

Im FALKEN Verlag sind in der Reihe »Manager Training«
bisher folgende Titel erschienen:

Gestern Kollege, heute Vorgesetzter (7466)
Das Coaching-Programm für Ihre Karriere (2537)
Bewerbungsstrategien für Führungskräfte (7465)

Sie sind überall erhältlich, wo es Bücher gibt.

Sie finden uns im Internet: **www.falken.de**

Der Text dieses Buches entspricht den Regeln
der neuen deutschen Rechtschreibung.

Dieses Buch wurde auf chlorfrei gebleichtem
und säurefreiem Papier gedruckt.

ISBN 3 8068 7469 7

© 1999 by FALKEN Verlag, 65527 Niedernhausen/Ts.
Die Verwertung der Texte und Bilder, auch auszugsweise, ist ohne
Zustimmung des Verlags urheberrechtswidrig und strafbar. Dies gilt
auch für Vervielfältigungen, Übersetzungen, Mikroverfilmung und
für die Verarbeitung mit elektronischen Systemen.

Umschlaggestaltung: Rohwedder-Becker, Büro für Konzept
und Gestaltung, Mainz
Titelbild: Bavaria, Gauting/VCL
Schlussredaktion und Koordination: Sabine Weeke
Layout: Lohse Design, Büttelborn

Die Ratschläge in diesem Buch sind von den Autoren und dem Verlag sorgfältig erwogen und geprüft, dennoch kann eine Garantie nicht übernommen
werden. Eine Haftung der Autoren bzw. des Verlags und seiner Beauftragten
für Personen-, Sach- und Vermögensschäden ist ausgeschlossen.

Satz: Lohse Design, Büttelborn
Druck: Ludwig Auer GmbH, Donauwörth

817 2635 4453 6271